イラストで早わかり！

超入門

体育授業の原則

著者
根本正雄

イラスト
関口眞純

学芸みらい社

まえがき

　長年、体育指導を行ってきた。特に運動の苦手な子供ができるようになる指導法の開発に取り組んできた。運動の苦手な子供に共通しているのは、どんな動きなのかというイメージが持てないことである。これは体育指導の苦手な教師にも共通している。

　「どんな動きになればいいのか」「運動の一番大事なポイントは何か」が理解できれば、運動の苦手な子供もできるようになる。一番いいのは、教師が示範して子供に見せることである。

　しかし、すべての教材を教師が示範することはできない。その際、写真、イラスト、動画などを活用する方法がある。その中で一番、誰もが手にしやすく活用しやすいのは、イラスト化された指導法を見ることである。私はそう考え、長年にわたり「イラスト化」の指導法を温めてきた。

　白石豊氏の『漫画 スポーツ上達の基礎理論』（自由現代社）では、スキーを通して、運動が上達していく過程が分かりやすく解説されている。その中で白石氏は、次のように述べている。

　「自分がこうしたいというイメージを持っておき、実際に滑る時には自分の動きを感じ取りながら、理想のイメージと現実の動きとのギャップを少しずつ埋めていくようにする」

　私は文字の読めない子供でも、運動の苦手な教師でも、難しい理論抜きで、イラストだけを見てできるようになる媒体を求めてきた。ビデオ、動画も必要である。しかし上述のとおり、手っ取り早いのは漫画・イラストである。子供は漫画・イラス

トが好きである。自分と一体化できるからである。イラストと自分が一体化できれば、難しい技にも共感できる。

そこで本書では、文字の読めない子供でもイラストで理解できる指導書づくりを目指した。

第I章「集団を動かす体育指導の原則」は、向山洋一氏の「授業の原則十ヶ条」（『授業の腕を上げる法則』明治図書出版・学芸みらい社）を踏まえ、体育指導に応用した。集団を動かす法則は、授業の原則にも共通しているからである。

第II章は「どの子供にも必要な基礎感覚づくり」である。運動の苦手な子供に共通しているのは、逆さ感覚、腕支持感覚、回転感覚、平衡感覚、高さ感覚の不足である。これらの感覚づくりがなされれば、運動の苦手な子供もできるようになる。本書では具体的な事例を紹介している。

第III章は「個別指導が必要な場面での体育指導のポイント」である。第2章の基礎感覚の習得をふまえ、基礎感覚を活用した基礎技能づくり、そしてさらなる探究として、運動課題づくりに即応した指導法を紹介している。体つくり運動、器械運動、陸上運動、水泳、ボール運動、表現運動の領域別になっている。

各教材は、習得、活用、探究の段階に合わせて、具体的な内容がイラストとともに示されている。

本書を活用して、体育学習の楽しさ、喜びを子供に体験させていただければ幸いである。

2021年1月20日　根本正雄

本書の使い方

本書は1つの教材の指導法を2ページにまとめ、以下のような構成で解説している。各項目のねらいが示されているので、ねらいに即して活用してほしい。

1 めざすフォルム

最初に、どのような動きになるとよいのか、その理想の姿が示されている。理想の姿と自分の実態を比較して、どこにギャップがあるのかを理解し、ギャップを埋めるようにしていく。

運動で大事なのは、最初に全体像を理解することである。「めざすフォルム」を最初にコピー印刷して子供に渡し、指導してほしい。

2 この状況には、こうしよう！

（1）運動の苦手な子供の実態を紹介している。その問題を解決する方法を3段階で示している。

① 第1段階　習得（基本的な動きを身に付ける）

② 第2段階　活用（基本的な動きを応用し、身に付ける）

③ 第3段階　探究（活用した動きをさらに発展させ、身に付ける）

（2）段階ごとに 方法 と チェックポイント が示されている。方法は、手順が示してある。順番に指導していけばできるようになっている。チェックポイントは、子供の動きの観察視点である。どこを見たらよいのか、どのように指導すればよいのかが書かれている。

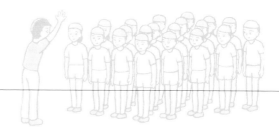

（3）できない子供の実態と、できるようにするための指導法がイラストで示されている。最初につまずきの動きが示されている。次にどのように指導すればよいのかが、イラストで示されている。子供のつまずきに対応している。

3　技の習得に向けて：評価のポイント

　指導によって、どんな技が習得できればいいのかが示されている。段階ごとの振り返りができるようになっている。教材指導後の評価に活用してほしい。

＊

　「まえがき」でも述べたとおり、本書の特色は、「イラスト」による動きのイメージ化にある。どんな動きがよいのかが、文章ではイメージしにくい。体育指導の教師が指導する際にイラストを見れば、そのポイントが分かるようになっている。

　同時にイラストを拡大コピーして、子供に説明する際に活用できる。言葉で説明するよりも、イラストを見せる方が子供は動きが分かる。教材をそのままコピーして、学習カードとしても活用できる。

　本書は、教師も子供も活用できる内容になっている。イラストは動きのポイントが正確に描かれている。イラストを活用した授業を行ってほしい。

目次

第Ⅰ章

集団を動かす
体育指導の原則

1 集合をどうするか：趣意説明の原則

めざすフォルム

この状況には、こうしよう！

❶ いつまでに集まるのか、集まる時間が分からない。

➡ 時間を限定する

方法

・リズム太鼓が10鳴る間に集まる。

・いつまでに集まるか、時間を限定する。

チェックポイント

☑ リズム太鼓に合わせて、10数える間に集合ができる。

☑ 集まり具合を見て、数える早さを速くしたり遅くしたりして、調整する。

❷ どこに集まるのか、集まる場所が分からない。

➡ 場所を限定する

方法

・どこに集まるのか、集まる場所を明確に指示する。

チェックポイント

☑ 朝礼台の前に集める。バスケットボールのサークルに集める。

　鉄棒の前に集めるなどと、場所を明確にし集合させる。

バスケットボールのサークル

❸ どのように集まるのか、集まる方法が分からない。

➡ 方法を限定する

方法

・どのように集まるのか、その方法を示す。

チェックポイント

☑ 両手を広げてバームクーヘン（扇形）の形に集まる。

☑ 2列の縦隊、横隊。

バームクーヘン（扇形）

技の習得に向けて：評価のポイント

❶ 決められた時間内に、静かに集合させる。

❷ 決められた場所に、黙って集合させる。

❸ 指示された方法で、素早く集合させる。

2 パッと整列させる技：一時一事の原則

めざすフォルム

この状況には、こうしよう！

❶ 教師の指示が多く、どのように動いたらよいのかが分からない。

➡ 指示は1つ

方法

・整列をする時の指示は1つに絞る。

チェックポイント

☑ 「先生の前に集まりなさい」という1つの指示で集まれる。

②　整列の仕方が分からず、どこに整列するか分からない。

➡ **ハンドサインで示す**

方法

- 整列の仕方をはっきりと指示する。　　・ハンドサインを黙って示す。

チェックポイント

☑ ハンドサインの約束を徹底しておく。

☑ パーは4列　チョキは2列、グーは1列にさせる。

③　きちんと整列できているのか分らず混乱している。

➡ **図やイラストで示す**

方法

- どこに整列するかを図やイラストで示す。

- 整列する場所が分かるように指示する。

チェックポイント

☑ ジャングルジムの前、タイヤの前などと図やイラストで示す。

☑ 場所が変わっても整列できるようにさせる。

技の習得に向けて：評価のポイント

① 一事一時の指示をする。一度にいくつもの指示をしない。

② 口で指示しなくても、ハンドサインで黙って整列できる。

③ 図やイラストで、見える化すると素早く整列できる。

3 話の仕方をどうするか：簡明の原則

めざすフォルム

←──── 3m ────→

この状況には、こうしよう！

❶ 指示や説明が長く、子供が飽きてしまい、話を聞かない。

➡ 短い言葉で話す

方法

• 指示や説明を1分以内で話す。

• 話を短く、限定する。

チェックポイント

☑ 長い話をやめて、短い言葉で話す。

☑ 子供が飽きないように、具体的に話す。

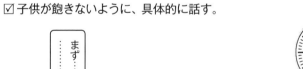

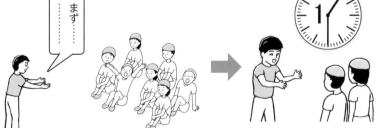

短い言葉で話す

② おしゃべりや手遊びをして、最後まで話を聞かない。

➡ 3m以内に集める

方法

- 子供を3m以内に集めて話す。
- 場所を決めて、座って聞かせる。

チェックポイント

- ☑ 子供を1ヶ所に集めて、集中させる。
- ☑ 体育座りをさせて、手が遊ばないようにする。

③ 指示の内容が多く、何をするのか限定されていない。

➡ 子供の目を見る

方法

- 子供1人1人の目を見て話す。　・教師と目線があっている子供をほめる。

チェックポイント

- ☑ 1人1人の子供に話しかけていく。
- ☑ 何をするのか、どうすればいいのかを話していく。

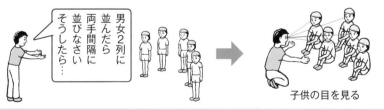

子供の目を見る

技の習得に向けて：評価のポイント

① 話は1分以内で話し、短く限定して行う。

② 子供を3m以内に集め、教師の声が全員に届くようにする。

③ 1人1人の子供の目を見て話す。時には、アイコンタクトをしていく。

4 座り方をどうするか：全員の原則

めざすフォルム

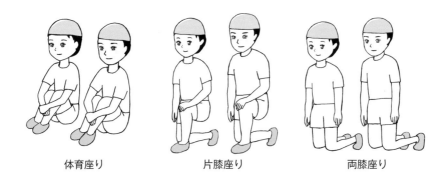

体育座り　　　　　　片膝座り　　　　　　両膝座り

この状況には、こうしよう！

❶ 指示が全員に行きわたらず、一部の子供しか座れない。

➡ **体育座りをする**

方法

- 顎を上げ、背すじを伸ばす。
- 両手で膝を抱える。

チェックポイント

☑ 目線は、真っ直ぐ前を見るようにさせる。

☑ 緊張すると疲れるので、リラックスさせる。

集合〜
座って〜……

体育座り

❷ 背筋を伸ばして腕を組み、正しい体育座りができない。

➡ **片膝座りをする**

方法
・片膝を立て、もう片膝は床に着ける。　・片膝を手で抱える。

チェックポイント
☑ 片膝を着けるのに疲れたら、膝を交代させる。
☑ 運動場で行う場合は、地面のコンディションに気をつけさせる。

片膝座り

❸ 場に応じた体育座り、片膝座り、両膝座りができない。

➡ **両膝座りをする**

方法
・両膝を床や地面に着ける。　・腰は伸ばす。

チェックポイント
☑ 両膝で長く座ると痛くなるので、短い時間にする。
☑ 示範を見せる時に、後方の子供に行うようにする。

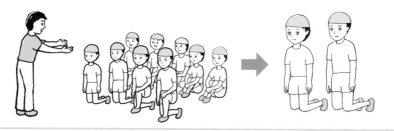

技の習得に向けて：評価のポイント
❶ 正しい姿勢で体育座りができ、教師の話を聞くことができる。
❷ 片膝座りができ、適時、膝を変えることができる。
❸ 両膝座りができ、教師の話を聞いたり、示範を見たりすることができる。

5 用具の出し入れをどうするか：所時物の原則

この状況には、こうしよう！

① どこに用具を出し入れするか分らない。

➡ **場所を限定する**

方法
- 役割をグループで話し合い、誰が何を出し入れするか決める。
- どこに置けばよいのか、カラーコーンを置いたりテープを貼って目印にする。

チェックポイント
- ☑ 出し入れの前に、黒板や用紙に図で示す。
- ☑ 用具を置く位置に目印をつけておく。

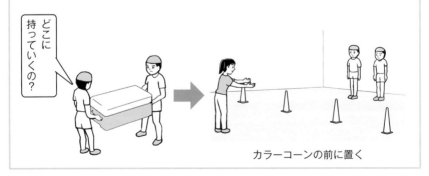

カラーコーンの前に置く

❷ いつまでに用具を出し入れするのか分からない。

➡ **時間を限定する**

方法

・用具の出し入れの時間を決めておく。

・どの用具から出し入れすれば、短時間でできるか相談する。

チェックポイント

☑ 決められた時間の中で出し入れができる。

☑ どの用具から出し入れをすればよいか、
　相談できる。

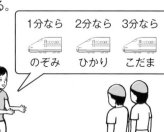

1分なら	2分なら	3分なら
のぞみ	ひかり	こだま

❸ どこに何の用具を出せばよいか分らない。

➡ **物を限定する**

方法

・どこに、どの用具を出し入れするかを明確にする。

・置く用具、個数が分かるように指示する。

チェックポイント

☑ 出し入れの前に、黒板や用紙に図で示して、確認させる。

☑ 用具を置く位置に目印を付けて、確認させる。

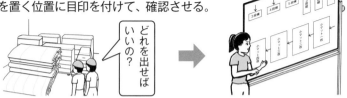

技の習得に向けて：評価のポイント

❶ 場所を限定して、用具の出し入れができる。

❷ 時間を限定して、用具の出し入れができる。

❸ 物を限定して、用具の出し入れができる。

6 示範をどうするか：細分化の原則

めざすフォルム

今日は跳び箱運動をします！

どうやればいいんだろう？

この状況には、こうしよう！

❶ 全体の動きの流れが分からない。動きのイメージが持てない。

➡ **全体を見せる**

方法

・跳び箱では、助走から着地までの全体の動きを見る。

・上手な子供の動きを見て、イメージをつかむようにする。

チェックポイント

☑ 全体の流れが分かる場所で観察させる。

☑ 何回か、繰り返して見せる。

今日はこのような動きに挑戦します

あの跳び越し方でいいのかな？

② 部分の動きが分からない。そのため動きが伝わらない。

➡ 部分を見せる

方法

- 大きな動きができるように、踏み切り、着手、着地などの部分の動きを見る。
- 大きな動きになるコツを見つける。相談する。

チェックポイント

☑ 見る部分を限定し、動きを観察させる。

☑ 自分の動きと比較させながら観察させる。

③ よい動きのイメージがつかめない。

➡ 上手な動きを見せる

方法

- よい動きを見て、できるコツや方法を見つける。
- よい動きを見て、同じように跳べるようにする。

チェックポイント

☑ よい動きは子供、上手でない動きは教師が行う。

☑ よい動きとよくない動きを比較して、コツを発見させる。

技の習得に向けて：評価のポイント

① 一連の動きの全体の流れが、理解できるようにする。

② 部分に焦点を当て、1つ1つの動きがよくなる。

③ 上手な子供に示範させ、めざす動きのイメージを持ち、練習するようになる。

7 発問・指示をどうするか：空白禁止の原則

めざすフォルム

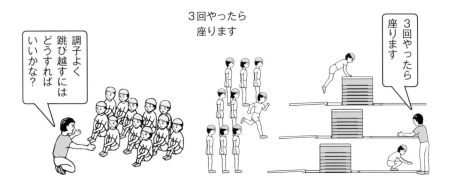

この状況には、こうしよう！

❶ 発問・指示が分からず、何をしていいのか分からない。

➡ 大きな課題をする

方法

・全体に、大きな課題を与える。

・その後に、個別の指導をする。

チェックポイント

☑ 最初大きな開脚跳びができるようにさせる。

☑ そのあと、踏み切り、着手、着地の練習をさせる。

❷ 全体の指示がなく、個別に作業して空白になる。

➡ **短く何回もする**

方法

・完全にできるまでさせないで、短い練習を何回も繰り返して行う。

チェックポイント

☑ 1人の子供に、ずっと指導しないようにする。

☑ 短く何回も練習することで、集中してできるようにさせる。

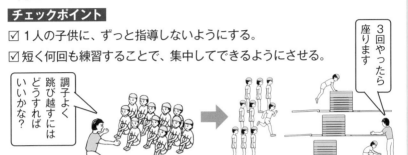

❸ 早く課題の終わった子供への指示がないため、空白になる。

➡ **発展課題をする**

方法

・早く課題が終わった子供は、発展課題を行う。

・終わったら何をするのか、板書しておく。

チェックポイント

☑ 3秒以上の空白を作らないようにする。

☑ 発展課題の内容と方法を個別に指導する。

技の習得に向けて：評価のポイント

① 大きな課題を与え、次に個別指導をすることができる。

② 1つの動きを短く何回も練習することができる。

③ 発展課題を選択して、空白の時間が生まれないようにできる。

8 見学をどうするか：確認の原則

めざすフォルム

この状況には、こうしよう！

❶ 見学の子供が遊んでいて、授業に参加しない。

➡ 学習全体の記録

方法

- 学習全体の記録をノートに書く。
- 誰が活躍したのか、誰の動きがよかったかを記録して、最後に発表する。

チェックポイント

☑ 見学者が数人いたら、分担を決めて行わせる。

☑ いろいろな場所から観察させ、内容を正確に記録させる。

遊んでいる子供　　　　　　　　学習全体を記録する

❷ 学習の時間、何を、どのように学び、どのくらい伸びたのかが分からない。

➡ **グループの記録**

方法

- グループの活動をノートに記録する。
- グループの作戦を記録し、作戦がよかったのかを最後に発表する。

チェックポイント

☑ グループについて記録する。人数が少ない時には複数のグループ記録。

☑ 図、イラスト、表などで、分かりやすく記録させる。

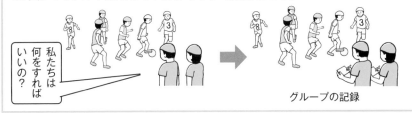

私たちは何をすればいいの？

グループの記録

❸ 誰がどのような係活動をしたのかが分からない。

➡ **係活動の補助**

方法

- 50m走では、スターター、計測、記録などの係の補助をする。
- 事前に役割分担を決めて置く。

チェックポイント

☑ 具合の悪い時には、係活動は行わないようにさせる。

☑ 協力してできたかを観察し、学習最後に発表させる。

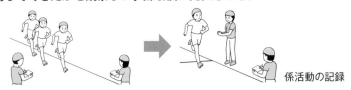

係活動の記録

技の習得に向けて：評価のポイント

❶ 学習全体の記録ができ、途中の学習の出来栄えを記録するようにする。

❷ グループの記録を正確に行い、記録の達成を発表できるようにする。

❸ 係活動の補助が進んでできるようにする。

9 学習カードをどう活用するか：激励の原則

めざすフォルム

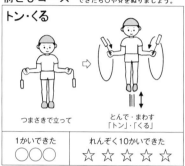

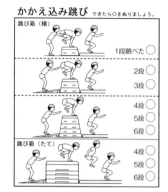

この状況には、こうしよう！

❶ 学習の順番が分からない。

➡ 低学年の学習カード

方法

- イラスト、絵・図を多くする。
- できるようになった動きは、色を塗ったりシールを貼ったりする。

チェックポイント

☑ 文章で書くよりも、イラスト、絵・図で書かせる。

☑ 運動の順番が分かるように、シンプルにする。

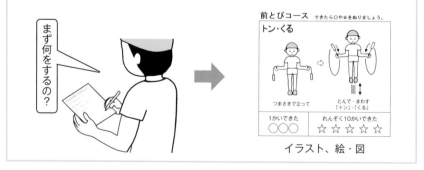

イラスト、絵・図

② 学習の内容が分からない。

➡ # 高学年の学習カード

方法

・スモールステップにして示す。　・フィードバックができるようにする。
・自分の考えを書いて、振り返りができるようにする。

チェックポイント

☑ ステップを細かくし、子供に課題を選択させる。
☑ どのくらいめあてが達成できたのか、分かるようにさせる。

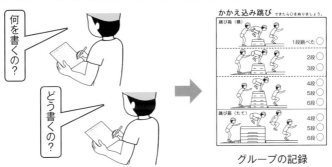

グループの記録

③ 学習ノートの使い方が分からない。

➡ # 手順・方法を示す

方法

・学習カードに、自分1人で学習ができる手順・方法を示す。
・1つの課題ができたら、次の課題に挑戦できるように示す。

チェックポイント

☑ 学習カードで、学習の手順、方法が分かる。
☑ 1つの課題を達成したら、次の課題に挑戦できる。

技の習得に向けて：評価のポイント

① 学習の順番が分かる。
② 学習の内容が分かる。
③ 学習カードの使い方が分かる。

10 あると便利な指導用具・リズム太鼓を どう使用するか：所時物の原則

めざすフォルム

> はやく
> トントントントン……

> ゆっくり
> トーン　トーン　トーン

45度

リズム太鼓を使用する

この状況には、こうしよう！

❶ リズム感がなく、動きがぎこちない。

➡ **正しい打ち方を知る**

方法
- 太鼓は斜め45度に持つ。
- 太鼓の真ん中はたたかない。下方を打つ。
- ばちは、柔らかく打つ。

チェックポイント
☑ 太鼓は、水平・垂直に持たない。
☑ 強く、乱打しない。

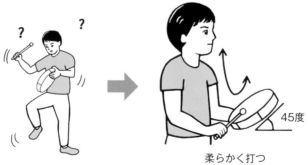

45度

柔らかく打つ

② いろいろな太鼓のリズムに合わせて動けない。

➡ **多様なリズム打ちができる**

方法
- 歩く、走る動きに合わせて、リズミカルに打つ。
- スキップ、ギャロップのリズムに合わせて打つ。
- 数を数える、集合などの合図に使用する。

チェックポイント
☑ 緩急をつけて打てる。
☑ いろいろな動きに合ったリズムを打てる。

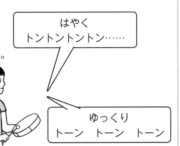

はやく
トントントントン……

ゆっくり
トーン　トーン　トーン

③ 太鼓の音を聞くことができない。

➡ **心地よい打ち方ができる**

方法
- リズム太鼓に合わせて、自然に動けるようにする。
- 小さい音で、軽快に動けるようにする。

チェックポイント
☑ リズム太鼓の音を聞きながら、動ける。
☑ リズムの変化を聞き取り、動ける。

技の習得に向けて：評価のポイント
① リズム太鼓が正しく打てる。
② リズム太鼓で、多様なリズム打ちができる。
③ リズム太鼓で、心地よい打ち方ができる。

第II章

どの子供にも必要な
基礎感覚づくり

1 逆さ感覚をどう育てるか

① クマ歩きができない

■学年：1～2年生　　■所要時間：3～4時間　　■準備物：マット

めざすフォルム

腰の位置が高い　　　　　　　　　　肩の角度が大きい

この状況には、こうしよう！

❶ 顎が上がり両腕に体重がかからない。

➡ 腰の位置が低いクマ歩き

方法

- 両腕に体重をかける。
- 足の裏は着ける。

チェックポイント

☑ 手の指を開き、手をマットに着ける。

☑ 両肘が曲がらないよう、真っ直ぐにさせる。

②　膝が曲がり、腰が高く上がらない。

➡ 腰の位置が高いクマ歩き

方法

・肩を前に出して、体重を前にかける。　・膝を伸ばし、腰を高くする。

チェックポイント

☑ 手と足の協応ができるようにさせる。

☑ 腰が頭より高く上がるようにさせる。

③　手を前に大きく出し、肩角度を大きくとれない。

➡ 肩角度の大きいクマ歩き

方法

・目線を手より前にする。　・腕を前に出し、肩角度を大きくする。

チェックポイント

☑ 踵を上げ、つま先で歩ける。

☑ 1歩の足を大きくし、歩幅を広くさせる。

☑ クマ歩き競走をさせる。

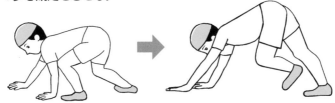

技の習得に向けて：評価のポイント

① 腰の低いクマ歩きが10歩できる。

② 腰の高いクマ歩きが10歩できる。

③ 肩角度の大きいクマ歩きが10歩できる。

1 逆さ感覚をどう育てるか

② クモ歩きができない

■学年：1～2年生　　■所要時間：3～4時間　　■準備物：マット

めざすフォルム

腰の位置が高い　　　　　　　　　肩角度が大きい

この状況には、こうしよう！

❶ クモ歩きの仕方が分からず、スムーズに歩けない。

➡ 腰の位置が低いクモ歩き

方法

・両腕に体重をかける。

・足の裏は着ける。

チェックポイント

☑ 手の指を開き、手をマットに着けさせる。

☑ 両肘が曲がらないように、真っ直ぐにさせる。

両肘を伸ばす

② 腕が曲がり、腰の位置が高く上がらない。

➡️ **腰の位置が高いクモ歩き**

方法

- 肩を後ろに出して、体重を後ろにかける。
- 背中を伸ばし、腰を高くする。

チェックポイント

☑ 手と足の協応ができるようにさせる。

☑ 腰が高く上がるようにさせる。

③ 手を遠くに着けず、腰角度の大きな動きができない。

➡️ **肩角度の大きいクモ歩き**

方法

- 目線を正面より斜め上にする。
- 腕を後ろにし、肩角度を大きくする。

チェックポイント

☑ つま先を上にして、踵で歩かせる。

☑ 1歩の足を大きくし、歩幅を広くさせる。

☑ 頭を下げさせると背中が丸まらず、腰が上がる。

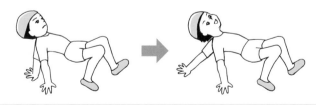

技の習得に向けて：評価のポイント

❶ 両腕に体重をのせたクモ歩きができる。

❷ 腰の位置の高いクモ歩きができる。

❸ 肩角度の大きなクモ歩きができる。

1 逆さ感覚をどう育てるか

③ ウサギ跳びができない

■学年：1～4年生　　■所要時間：3～4時間　　■準備物：マット

めざすフォルム

この状況には、こうしよう！

❶ ウサギ跳びの跳ぶ順序が分からず、手と足を同時に動かしてしまう。

➡ 足―手―足の順に跳ぶ

方法

・その場で、足―手―足の順に着く。

・手を1歩前に着いて、足―手―足の順に着く。

チェックポイント

☑ 両手に体重をかけ、それから足を上げさせる。

☑ 両足が床に着いた時には、両手を上げさせる。

② 「トン・パッ」のリズムで跳べずに、手がマットに着いたままになる。

➡ 「トン・パッ」のリズムで跳ぶ

方法

- 「トン」で両手を床に着き、両足で跳ぶ。
- 「パッ」で両足を床に着き、両手を前に出す。

チェックポイント

☑ 最初はその場で、「トン・パッ」のリズムで何回も跳ばせる。

☑ 「トン・パッ」のリズムが身に付いたら、1歩前に跳ばせる。

③ 両手が遠くに着地できず、高い、大きな動きができない。

➡ 小マットを跳び越える

方法

- 90cmの小マットの先に手を着いて跳ぶ。
- できたら90cmの小マットを跳び越す。

チェックポイント

☑ 最初は跳び越えなくてもよい。

☑ 慣れてきたら1枚のマットを跳び越え、2枚、3枚と連続して跳ばせる。

90cm

技の習得に向けて：評価のポイント

❶ 正しいウサギ跳びが1回できる。

❷ ウサギ跳びが3回連続、調子よく跳べる。

❸ 大きなウサギ跳びが、5回連続して跳べる。

2 腕支持感覚をどう育てるか

① アザラシができない
■学年：1～2年生　■所要時間：3～4時間　■準備物：マット

めざすフォルム

この状況には、こうしよう！

❶ 手の着き方が分からず、指先で着いてしまう。

➡ 膝を着いたアザラシ

方法
・両腕を真っ直ぐにして、膝を着いたアザラシを行う。
・手を交互に前に着き、膝を着いたまま前に進む。

チェックポイント
☑ マットに着いた指は、真横を向くようにさせる。
☑ 最初はゆっくりとしたアザラシを行わせる。

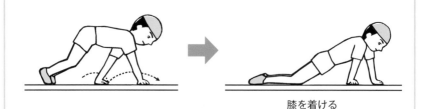

膝を着ける

② 膝をマットに着けたまま動き、前に進めない。

➡ 膝を上げたアザラシ

方法

• 両腕を真っ直ぐにして、膝を上げたアザラシを行う。

• 手を交互に前に着き、膝を上げたまま前に進む。

チェックポイント

☑ 手を着く幅は、最初は小さくする。慣れてきたら、大きくさせる。

☑ 膝が着かないように、バランスをとらせる。

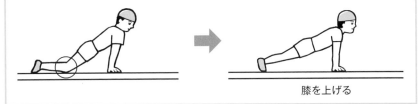

膝を上げる

③ 手を大きく前に出せず、力強いアザラシができない。

➡ 肩角度の大きなアザラシ

方法

• 手を大きく前に出して、肩角度を広くする。

• 体を腕に引き付けるようにする。

チェックポイント

☑ 手と足のバランスをとり、肩角度の大きなアザラシができるようにさせる。

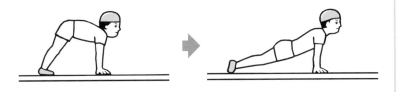

技の習得に向けて：評価のポイント

① アザラシの仕方が分かり、前に進むことができる。

② 手と足のバランスをとり、膝を上げたアザラシができる。

③ 腕を前に出して、肩角度の大きなアザラシができる。

2 腕支持感覚をどう育てるか

② 手押し車ができない

■学年：1〜6生　■所要時間：3〜4時間　■準備物：マット

めざすフォルム

足首を持つ　　　　　膝を持つ　　　　　腿を持つ

この状況には、こうしよう！

❶ 足首を持つと体が弓なりになり、前に進めない。

➡ 足首を持って手押し車

方法

• 車になる人は、両手をしっかりと床に着ける。

• 車の足を持つ人は、足首を持つ。

チェックポイント

☑ 肘を伸ばして、両手をしっかりと床に着けさせる。

☑ 片足ずつの足首をゆっくりと持たせる。

☑ 持った足首は、静かにゆっくりと下ろさせる。

膝が曲がる　　　　　　　膝を伸ばす

② 腕の力がないので、腕が曲がり前に進めない。

➡ # 膝を持って手押し車

方法

- 車になる人は、両手をしっかりと床に着ける。
- 車の足を持つ人は、膝を持つ。

チェックポイント

☑ 肘を伸ばして、両手をしっかりと床に着けさせる。

☑ 片足ずつ、足首をゆっくりと持たせる。

☑ 持った膝は、静かにゆっくりとおろさせる。

肘が曲がる　➡　肘を伸ばす

③ 腹筋の力がないので、体のバランスがとれない。

➡ # 腿を持って手押し車

方法

- 車になる人は、両手をしっかりと床に着ける。
- 車の足を持つ人は、腿を持つ。

チェックポイント

☑ 肘を伸ばして、両手をしっかりと床に着けさせる。

☑ 片足ずつ、腿をゆっくりと持たせる。

☑ 持った腿は、静かにゆっくりとおろさせる。

体が曲がる　➡　体を伸ばす

技の習得に向けて：評価のポイント

① 足首を持った手押し車が、10歩できる。

② 膝を持った手押し車が、7歩できる。

③ 腿を持った手押し車が、5歩できる。

2 腕支持感覚をどう育てるか

③ 壁逆立ちができない

■学年：1〜4生　■所要時間：3〜4時間　■準備物：マット

めざすフォルム

踵を壁に
着けよう！

この状況には、こうしよう！

❶ 両手に体重をかける足打ち跳びができない。

➡ カエルの足打ち

方法

・床に両手をしっかり着ける。

・両足を高く上げて、空中で足を打つ。

チェックポイント

☑ 最初は足を低く上げる。慣れてきたら足を高く上げさせる。

☑ 足を3回打てたら、合格とする。

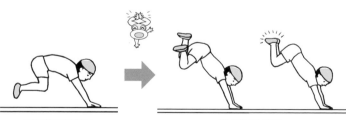

腰の位置が低い　　　　　　　　　腰の位置が高い

❷ **両手で支える頭着き逆立ちができないので、バランスがとれない。**

➡ ## 頭着き逆立ち

【方法】

・床に頭を着いて、逆立ちになる。

・足は最初、低い位置にする。できるようになったら、高くする。

【チェックポイント】

☑ 頭は額を着くようにさせる。

☑ 10秒できたら合格とする。

❸ **両足を同時に上げようとするので、壁逆立ちができない。**

➡ ## 壁逆立ち

【方法】

・両手を伸ばし、イラストのように逆立ちをする。

・足は最初、低い位置にする。できるようになったら、高くする。

【チェックポイント】

☑ 逆立ちをした目線はやや上に上げさせる。

☑ できるだけ壁に近づき、倒立させる。

☑ 10秒できたら合格とする。

【技の習得に向けて：評価のポイント】

❶ カエルの足打ちの仕方が分かり、3回足打ち跳びができる。

❷ 頭着き逆立ちの仕方が分かり、壁逆立ちが10秒できる。

❸ 壁逆立ちの仕方が分かり、壁逆立ちが10秒できる。

3 回転感覚をどう育てるか

① 横回りができない

■学年：1〜2年生　■所要時間：3〜4時間　■準備物：マット

めざすフォルム

手と足を上げます

この状況には、こうしよう！

❶ 真っ直ぐに回れない。

➡ **手と足をマットに着けて回る**

方法

• マットに横になり、手と足を伸ばす。

• 手と足をマットに着けたまま、横に回る。

チェックポイント

☑ 手と足を伸ばしたまま回ると、曲がるので途中で修正する。

☑ 曲がっても途中でやめないで、回り続ける。

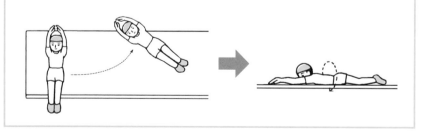

❷ 足を上げないために回転ができない。

➡ **手はマットに着け、足を上げる**

方法

・手はマットに着け、足を上げる。

・足を使って、腰で回転できるようにする。

チェックポイント

☑ 最初、足は高く上げない。

☑ 足で、腰の回転が調子よくできるようにする。

❸ 手と足を上げてバランスをとって回れない。

➡ **手と足を上げて腰で回る**

方法

・手と足を上げて、腰の回転をよくする。

・仰向けの状態の時、目は足先を見るようにする。

チェックポイント

☑ 手と足は、最初低くする。慣れてきたら高くする。

☑ 手と足で回転スピードを高めていく。

技の習得に向けて：評価のポイント

❶ 横回りの方法が分かり、横回りができる。

❷ 足を上げ、手はマットに着けた横回りができる。

❸ 手と足を上げ、腰で回る横回りができる。

3 回転感覚をどう育てるか

② スムーズにゆりかごができない

■学年：1～2年生　■所要時間：3～4時間　■準備物：マット

めざすフォルム

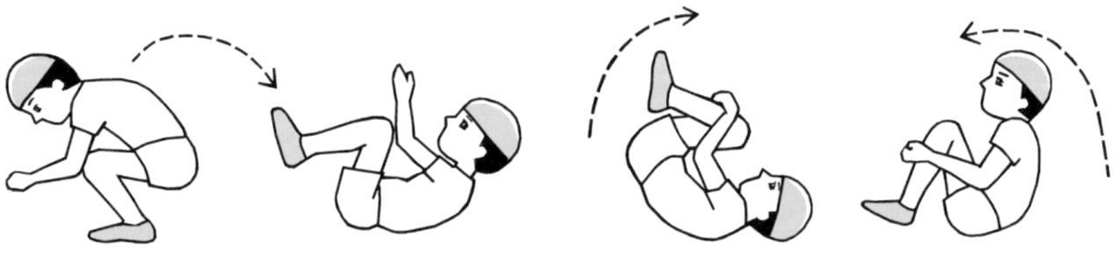

この状況には、こうしよう！

① ゆりかごの仕方が分からない。

➡ **1人でゆりかごをする**

方法

- おしり、背中、首、後頭部の順に転がる。
- 両手で膝を抱えて転がる。

チェックポイント

☑ 顎を引いて、背中を丸めて回らせる。
☑ 後頭部がマットに着くように回らせる。

② **ゆりかごがスムーズにできない。**

➡ 2人でゆりかご玉入れをする

方法

- 2人1組になる。1人が足に紅白玉をはさんでゆりかごを行い、もう1人が
  ダンボール箱を持って、紅白玉を受け取る。交代で行う。
- 足を使って、腰で回転できるようにする。

チェックポイント

☑ 起き上がる時に、踵におしりを着けさせる。

☑ 2人が協力して、テンポよくできるようにさせる。

③ **大きなゆりかごができない。**

➡ 4人でゆりかごをする

方法

- 4人グループを作る。
- 4人が横に並んで、同時にゆりかごをする。

チェックポイント

☑ おしりを遠くに着くようにさせる。

☑ 4人の動きをそろえて、同じリズム、テンポでさせる。

4人で横に並ぶ

技の習得に向けて：評価のポイント

① **ゆりかごの方法が分かり、ゆりかごができる。**

② **2人で、ゆりかご玉入れができる。**

③ **4人で動きをそろえて、大きなゆりかごができる。**

3 回転感覚をどう育てるか

③ スムーズに前回りができない

■学年：1～2年生　■所要時間：3～4時間　■準備物：マット

めざすフォルム

この状況には、こうしよう！

❶ 前回りの仕方が分からない。

➡ **1人で前回りをする**

方法

- 頭を腕の中に入れて、後頭部を着くようにする。
- 両腕で体を支え、スピードをつけて回る。

チェックポイント

☑ 顎を引いて、背中を丸めて回らせる。

☑ 後頭部がマットに着くように回らせる。。

頭を着ける　　　　　後頭部を着ける

② **前回りがリズミカルにできない。**

➡ ## ２人で前回りをする

方法

- ２人１組になり、横や縦に並んで回る。
- 同じ動き、リズム（一定の周期的動き）、テンポ（速い、遅いなどの動き）
  で回る。

チェックポイント

☑ 腰の位置を高くして、遠くに手をついて回転させる。

☑ ２人が協力して、リズミカルに回転させる。

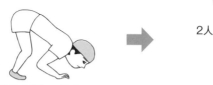

２人

③ **大きな動きの前回りができない。**

➡ ## ４人で前回りをする

方法

- ４人グループを作り、横や縦に並んで回る。
- ４人が同時に前回りを連続して回る。

チェックポイント

☑ ４人の動きをそろえて、同じリズム、テンポで回転させる。

☑ ４人が連続して、滑らかな前回りができるようにさせる。

４人

技の習得に向けて：評価のポイント

❶ 両腕で体を支え、後頭部をついて前回りができる。

❷ ２人で、動きを合わせてリズミカルな前回りができる。

❸ ４人で動きをそろえて、大きな前回りができる。

4 平衡感覚をどう育てるか

① バランスよく平均台が歩けない

■学年：1〜2年生　■所要時間：3〜4時間　■準備物：平均台

めざすフォルム

クルンッ

この状況には、こうしよう！

❶ 高さ感覚が身に付いていないので、高い所で動けない。

➡ 前を向いて歩く

方法

- 低い平均台をゆっくりと歩く。
- 低い平均台を早足で歩く。
- 高い平均台をゆっくりと歩く。

チェックポイント

☑ 足元を見て、手でバランスをとり歩かせる。

☑ 慣れてきたら、前を見て歩かせる。

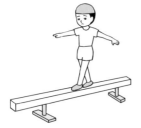

高い平均台で歩けない　　　　　前を向いて歩く

② 1歩なら動けるが、長い距離だと恐怖心がありできない。

➡ **横を向いて歩く**

方法

- 低い平均台をゆっくりと横を向いて歩く。
- 低い平均台、高い平均台を早足で横を向いて歩く。

チェックポイント

☑ 足元を見て、手でバランスをとり横向きで歩かせる。

☑ 慣れてきたら前を見て横向きで歩かせる。

③ 低い平均台だと動けるが、高くなると怖くて動けない。

➡ **2本の平均台で歩く**

方法

- 2本の平均台をゆっくりと前・横向きで歩く。
- 2本の平均台を早足で前・横向きで歩く。

チェックポイント

☑ 最初は2本の平均台で歩けなくてもよい。

☑ 慣れてきたら前を見て横向きで歩かせる。

2本の平均台

前・横向きで歩く

技の習得に向けて：評価のポイント

① 高い所で、前・横を向いて歩ける。

② 2本の平均台を縦につなげた長い距離を歩ける。

③ 高い平均台で前・横を向いて歩ける。

4 平衡感覚をどう育てるか

② バランスよく手押しずもうができない

■学年：1〜4年生　■所要時間：3〜4時間　■準備物：なし

めざすフォルム

両手を合わせる

この状況には、こうしよう！

❶ 両手を合わせ、相手のバランスを崩す方法が分からない。

➡ 両足を合わせて行う

方法

・両足を肩幅に開く。　・両手を胸の前に開く。

・両手で押し合い、相手の足が動いたら負けとする。

チェックポイント

☑ 両手で押すだけでなく、引いてもよい。

☑ フェイントをして、相手のタイミングを外したりさせる。

両手を合わせる　　　　引いてもよい

② 片足で立つことができないために手押しずもうができない。

➡ 片足で行う

方法

・片足で立つ。

・両手を胸の前に出し、片足で押し合う。

・両手で押し合い、相手の片足が動いたら、負けとする。

チェックポイント

☑ 両手で押すだけでなく、引いてもよい。

☑ フェイントをして、相手のタイミングを外したりさせる。

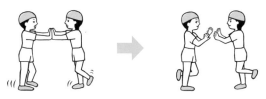

③ 押すだけなく、引いたりするフェイントがかけられない。

➡ 相手を変えて行う

方法

・両足、片足ずもうとも相手を変える。

・3回戦勝負をして、結果が分かったら交代する。

チェックポイント

☑ 誰とでも交代してできるようにさせる。

技の習得に向けて：評価のポイント

① 手押しずもうのやり方が分かり、手押しずもうができる。

② 片足を上げての手押しずもうができる。

③ 押すだけでなく、引いたりしてフェイントをかけた手押しずもうができる。

4 平衡感覚をどう育てるか

③ バランスよくケンケンずもうができない

■学年：1〜4年生　■所要時間：3〜4時間　■準備物：なし

めざすフォルム

両方の手のひらで押し合う　　前で組んで押し合う　　片足を片手で持って押し合う

この状況には、こうしよう！

❶ 片足を上げて、両手を組んでバランスがとれない。

➡ **手を胸の前で組んで行う**

方法

・片足を上げ、手を胸の前で組んでケンケンずもうをする。

・片足が床に着いたら負けとする。

チェックポイント

☑ 相手の片足が床に着くまで、ケンケンで押しずもうをさせる。

☑ 片足が着いたら、逆の足で2回戦を行わせる。

手を胸の前で組む

② 片足を上げて、手を腰の後ろで組むとバランスがとれない。

➡ ## 手を背中側で組んで行う

方法

- 片足を上げ、手を背中側で組んでケンケンずもうをする。
- 片足が床に着いたら負けとする。

チェックポイント

☑ 相手の片足が床に着くまで、ケンケンで押しずもうをさせる。

☑ 片足が着いたら、逆の足で2回戦を行わせる。

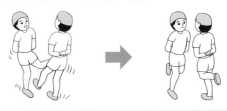

③ 両方の足でのバランスがとれず、両方の足でできない。

➡ ## 手を頭の後ろで組んで行う

方法

- 片足を上げ、手を頭の後ろで組んでケンケンずもうをする。
- 片足が床に着いたら負けとする。

チェックポイント

☑ 相手の片足が床に着くまで、ケンケンで押しずもうをさせる。

☑ 片足が着いたら、逆の足で2回戦を行わせる。

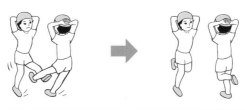

技の習得に向けて：評価のポイント

① 手を胸の前で組んで行う、ケンケンずもうができる。

② 手を背中側で組んで行う、ケンケンずもうができる。

③ 手を頭の後ろで組んで行う、ケンケンずもうができる。

5 高さ感覚をどう育てるか

① 高い場所でのジャングルジムができない

■学年：1〜2年生　■所要時間：3〜4時間　■準備物：ジャングルジム

めざすフォルム

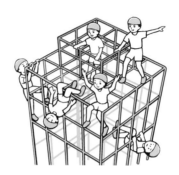

この状況には、こうしよう！

❶ 高さ感覚が身に付いていないので、恐怖心で動けない。

➡ いろいろな遊びをする

方法

・低いジャングルジムで前後左右に歩く。

・低いジャングルジムで前後左右に走る。

・低いジャングルジムでぶら下がる。

チェックポイント

☑ 棒をしっかり握り、ゆっくりと動かせる。

☑ 慣れてきたら、軽く握り、素早く次に移動させる。

| 歩く | 走る | ぶら下がる |

② ジャングルジムの棒を握ったことがないので遊べない。

➡ 高い場所で鬼ごっこをする

方法
- 高いジャングルジムで前後左右に歩いたり、走ったりする。
- 高いジャングルジムで鬼ごっこをする。

チェックポイント
☑ 棒をしっかり握り、ゆっくりと動かさせる。
☑ 慣れてきたら、軽く握り、素早く次に移動させる。

歩く　走る　　　　　　　　　　　　　鬼ごっこ

③ 回る経験がないので動けない。

➡ ジャングルジムで回る動きをする

方法
- 低いジャングルジムで前回り、足抜き回り、逆上がりをする。
- 高いジャングルジムで前回り、足抜き回り、逆上がりをする。

チェックポイント
☑ 最初は低い場所で、ゆっくりと回る動きをさせる。
☑ 慣れてきたら、高い場所でも安全に気をつけて回る動きをさせる。

前回り　　　　　　　　　足抜き回り　　　　　　　逆上がり

技の習得に向けて：評価のポイント
① 低い場所で、ジャングルジム遊びができる。
② ルールを守った、ジャングルジム遊びができる。
③ 安全に気をつけて、ジャングルジム逆上がりができる。

5 高さ感覚をどう育てるか

② 高い場所での登り棒ができない

■学年：1〜4年生　■所要時間：3〜4時間　■準備物：登り棒

・・

めざすフォルム

この状況には、こうしよう！

❶ 登り棒を握ったことがないので、手に力が入らない。

➡ **低い場所まで登る**

方法

・両手で棒をしっかりと握り、両足で棒をしっかりとはさむ。

・両手と両足を使って、上に登る。

チェックポイント

☑ 手と足を同時に動かしてタイミングよく登るようにする。

☑ 登れない子供には補助をする。

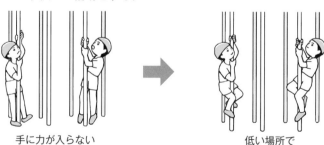

手に力が入らない　　　　　　　　　　　低い場所で

② 手と足を交互に使ってバランスよく登れない。

➡ **高い場所まで登る**

方法

・両手、両足で棒をしっかりと握り、真ん中まで登る。
・途中に赤・青・黄の目印のテープを貼り、タッチする。

チェックポイント

☑ 棒をしっかり握り、ゆっくりと動かせる。
☑ 慣れてきたら、軽く握り、素早く次に移動させる。

③ 握力がないため、高い場所まで登れない。

➡ **登り棒逆上がりをする**

方法

・2本の低い登り棒を使って、逆上がりをする。
・2本の高い登り棒を使って、逆上がりをする。

チェックポイント

☑ 教師が補助をして、回らせる。
☑ 慣れてきたら、1人で回らせる。

 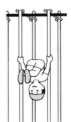

逆上がり

技の習得に向けて：評価のポイント

① 低い場所で、登り棒を登れるようになる。

② 高い場所で、登り棒を登れるようになる。

③ 2本の登り棒を使って、登り棒逆上がりができるようになる。

5 高さ感覚をどう育てるか

③ 高い場所での雲梯ができない

■学年：1〜4年生　■所要時間：3〜4時間　■準備物：雲梯

めざすフォルム

この状況には、こうしよう！

❶ 雲梯を握ったことがないので、手に力が入らない。

➡ 1本ずつ渡る

方法

・1本の雲梯に、両手でぶら下がる。

・1本ずつ、ゆっくりと渡る。

チェックポイント

☑ ぶら下がれない子供には、教師が補助をして渡らせる。

☑ 無理をしないで、安全に渡るようにする。雲梯の下にマットを置く。

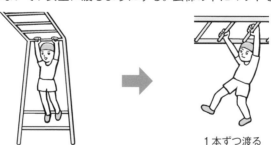

1本ずつ渡る

❷ 手と足の協応力がないので前に進めない。

➡ **1本抜かしで渡る**

方法

・1本の雲梯に、両手でぶら下がる。

・1本抜かしで、ゆっくりと渡る。

チェックポイント

☑ 1本抜かしができない子供には、無理をさせない。

☑ 半分まで行けたら合格とする。

❸ 握力、腕力がないため2本抜かしができない。

➡ **2本抜かしで渡る**

方法

・2本の雲梯に、両手でぶら下がる。

・2本抜かして、ゆっくりと渡る。

チェックポイント

☑ 2本抜かしができない子供には、無理をさせない。

☑ 1本抜かしで渡り、途中から2本抜かしにする。

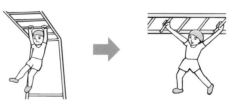

技の習得に向けて：評価のポイント

❶ 雲梯の使い方が分かり、雲梯遊びができる。

❷ 1本抜かしで、雲梯を渡れる。

❸ 2本抜かしで、雲梯を渡れる。

第Ⅲ章

個別指導が
必要な場面での
体育指導のポイント

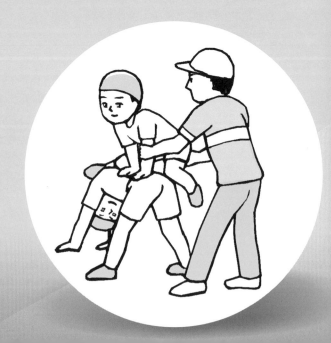

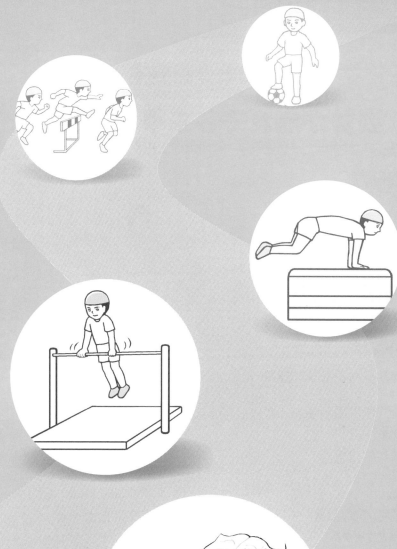

1 体つくり運動をどう指導するか

① 姿勢が崩れてしまう

■学年：1～6年生　■所要時間：4～6時間　■準備物：なし

めざすフォルム

この状況には、こうしよう！

❶ 姿勢が崩れ、じっと話を聞くことができない。

➡ 片足を上げる

方法

・両手を水平に上げる。

・片足を上げ、腿を水平にする。

・慣れてきたら、目を閉じて行う。

チェックポイント

☑ 最初は腿が水平でなくてもよい。

☑ 左右の足で10秒間、できるようにさせる。

両手を水平に上げる

❷ 立つ姿勢が崩れ、真っ直ぐ背骨が立てられない。

➡ **手で足首を持つ**

方法

・片手で片方の足首を持ち、片足で立つ。・慣れてきたら、目を閉じて行う。

チェックポイント

☑ 体を少し、前に倒す。

☑ 足首を持つ手をしだいに上げさせる。

☑ 左右の足で10秒間、できるようにさせる。

手で足首を持つ

❸ 机に頬づえを突き、背すじを立てられない。

➡ **飛行機のポーズ**

方法

・両手を水平にし、飛行機のポーズになる。・体を前にして、片足で立つ。

チェックポイント

☑ 最初は低い位置で足首を持つ。

☑ 慣れてきたら、足首の高いところを持つ。

☑ 左右の足で10秒間、できるようにさせる。

前のめりで飛行機のポーズ

技の習得に向けて：評価のポイント

❶ 席に着き、自分の席で話が聞ける。

❷ 朝の会や帰りの会で、真っ直ぐに立てる。

❸ 机に頬づえを突かないで、背すじを立てて学習ができる。

1 体つくり運動をどう指導するか

② 倒立ができない

■学年：1〜6年生　■所要時間：4〜6時間　■準備物：マット、まくら

めざすフォルム

この状況には、こうしよう！

❶ 腕支持感覚、逆さ感覚が身に付かず倒立ができない。

➡ 壁倒立をする

方法

・両手を伸ばし、イラストのように壁倒立をする。

・足は最初、低い位置にする。できるようになったら、高くする。

チェックポイント

☑ 逆立ちをした目線はやや上にさせる。

☑ できるだけ壁に近づき、倒立の姿勢にさせる。

☑ 10秒できたら合格とする。

壁に両足をかける　　　腰を伸ばす

❷ **顎が上がり、体が反ってしまい、倒立ができない。**

➡ **まくら倒立をする**

方法

- 床にまくらを置いて、倒立をする。
- 足は最初、低い位置にする。できるようになったら、高くする。

チェックポイント

☑ 頭は額を着くようにさせる。

☑ 10秒できたら合格とする。

❸ **手と手の間を見られず、体が真っ直ぐにできない。**

➡ **補助倒立をする**

方法

- 片足ずつ上げて、倒立する。　・補助者が立ち、補助をする。
- 体育館の壁に向かって、倒立する

チェックポイント

☑ 倒立をした目線はやや上にさせる。

☑ できるだけ壁に近づき、倒立の姿勢になる。10秒できたら合格とする。

技の習得に向けて：評価のポイント

❶ **倒立の方法が分かり、倒立ができる。**

❷ **まくら倒立の方法が分かり、まくら倒立ができる。**

❸ **補助で倒立ができるようにする。**

1 体つくり運動をどう指導するか

③ 馬跳びができない

■学年：1～6年生　■所要時間：4～6時間　■準備物：タイヤ

めざすフォルム

この状況には、こうしよう！

❶ 馬跳びの目的と内容が分からない。

➡ 1人でタイヤ跳びをする

方法

- 1人で低いタイヤ跳びをする。
- 1人で高いタイヤ跳びをする。
- 1人で連続タイヤ跳びをする。

チェックポイント

☑ 手の着き放しをできるようにさせる。

☑ リズミカルに跳べるようにさせる。

連続タイヤ跳び

② 馬跳びの方法と手順が分からない。

➡ **ペアで馬跳びをする**

方法

- 2人一組で馬をつくる。　・1人が馬をつくり、もう1人が跳ぶ。
- 1人3回跳んだら交代する。

チェックポイント

☑ 馬の背中を強く着き放すようにさせる。

☑ できるだけ、遠くに着地するようにさせる

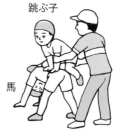

跳ぶ子

補助する人

馬

③ 馬跳び評価の仕方が分からない。

➡ **集団で馬跳びをする**

方法

- 8人グループをつくる。
- 4人が馬をつくり、4人が連続して馬跳びをする。

チェックポイント

☑ 間をあけないで、連続して跳ばせる。

☑ 同じ跳び方のシンクロ跳びをさせる。

進行方向

馬になる

馬→跳ぶ人になる

技の習得に向けて：評価のポイント

① 馬跳びの目的と内容が分かる。

② 馬跳びの方法と手順が分かる。

③ 馬跳びの評価が分かる。

1 体つくり運動をどう指導するか

④ 動物歩きができない

■学年：1～2年生　■所要時間：3～4時間　■準備物：マット

めざすフォルム

クマ　　　　　アザラシ　　　　　クモ

この状況には、こうしよう！

❶ どんな動物歩きがあるのか分からない。

➡ **1人で動物歩きをする**

方法

・いろいろな動物の動きをまねして、1人で歩く。

・クマ、アザラシ、クモになって歩く。

チェックポイント

☑ 手指を開き、腕でしっかり支持して歩かせる。

☑ 動物の特徴をとらえて歩かせる。

1人で歩く

❷ スムーズにリズミカルに歩けない。

➡ ペアで動物歩きをする

方法

- いろいろな動物の動きをまねして、1人で歩く。
- クマ、アザラシ、クモになって歩く。

チェックポイント

☑ 手指を開き、腕でしっかり支持して歩かせる。

☑ 動物の特徴をとらえて歩かせる。

2人でクマ　　　　　　　　2人でクモ

❸ ダイナミックな動物歩きができない。

➡ 集団で動物歩きをする

方法

- 4人グループをつくり、集団で動物歩きをする。
- 1人の子供の動物歩きをまねして、3人が同じ動物歩きをする。

チェックポイント

☑ 動き方の分からない子供には、上手な子供の動きをまねさせる。

☑ 同じ動きをシンクロして歩かせる。

4人でアザラシ

技の習得に向けて：評価のポイント

❶ いろいろな動物歩きができる。

❷ 動き、スピード、リズムを変えて、2人で歩ける。

❸ 同じ動きをシンクロして、集団で歩ける。

1 体つくり運動をどう指導するか

⑤ おしり歩きができない

■学年：1〜6年生　■所要時間：4〜6時間　■準備物：なし

めざすフォルム

片方のおしりを上げる

この状況には、こうしよう！

❶ おしり歩きの仕方が分からない。

➡ **1人でおしり歩きをする**

方法

・手を使わずに、長座した状態で動く。

・片方のおしりを上げて、できるだけ素早く動く。

チェックポイント

☑ 目線は真っ直ぐにする。

☑ 最初は短い距離を歩き、だんだん距離を長くする。

片方のおしりを浮かせる

②　おしり歩きがスムーズにできない。

➡ ペアでテンポよくおしり歩きをする

方法

・2人1組で横向きに並んで、おしり歩きをする。

・2人1組で縦向きに並んで、おしり歩きをする。

チェックポイント

☑ 「いちに、いちに」と声を出して歩く。

☑ 2人の動きを合わせて、テンポよく歩く。

2人で横向きに並んで

③　動きの大きいおしり歩きができない。

➡ 集団で背骨を中心にしたおしり歩き

方法

・4人グループを作る。

・4人が横に並んで、同時におしり歩きをする。

チェックポイント

☑ 背骨を中心にして、バランスよく歩ける。

☑ 4人の動きを合わせて、同じリズム、テンポで歩かせる。

4人で横向きに並んで

技の習得に向けて：評価のポイント

① 手を使わずに、長座した状態でおしり歩きができる。

② 2人組でテンポのよいおしり歩きができる。

③ 背骨を中心にしたおしり歩きができる。

1 体つくり運動をどう指導するか

⑥ 肘・膝タッチができない

■学年：1～6年生　■所要時間：4～6時間　■準備物：なし

めざすフォルム

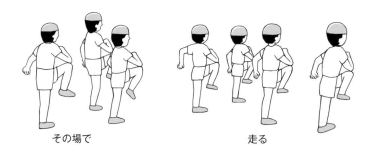

その場で　　　　　　　　　　走る

この状況には、こうしよう！

❶ 肘・膝タッチの仕方が分からない。

➡ 1人で肘・膝タッチをする

方法

・その場で、右肘を左膝にタッチする。

・次は、左肘を右膝にタッチする。

チェックポイント

☑ 腿は水平まで高く上げて、肘をタッチさせる。

☑ 背中が丸くならないように背すじを伸ばす。

腿を高く上げる

② 肘と膝の動きがなめらかにできない。

➡ ペアで動きを合わせ、タッチする

方法
- 2人一組で横向きに並んで、歩きながら肘・膝タッチをする。
- 2人一組で向かい合ったり、横向きで肘・膝タッチをする。

チェックポイント
☑ 「いちに、いちに」と声を出して歩かせる。
☑ 2人の動きがシンクロするように、相手の動きに合わせて歩かせる。

向かいあって　　　横向き

③ 走りながらの肘・膝タッチができない。

➡ 集団で速いリズムで行う

方法
- 4人グループをつくる。
- 4人が横に並んだり、縦に並んだりして肘・膝タッチをする。

チェックポイント
☑ 背骨を中心にして、肘と膝を左右交互にタッチできる。
☑ 4人が動きを合わせて、同じリズム、テンポで走れる。

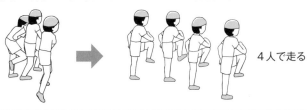

4人で走る

技の習得に向けて：評価のポイント
❶ 肘・膝タッチの仕方が分かる。
❷ 肘・膝タッチが歩きながら、なめらかにできる。
❸ 走りながら、スピードのある肘・膝タッチができる。

1 体つくり運動をどう指導するか

⑦ 新聞紙遊びができない

■学年：1～6年生　■所要時間：4～6時間　■準備物：新聞紙、カラーコーン

めざすフォルム

この状況には、こうしよう！

❶ 新聞紙遊びの仕方が分からない。

➡ 1人で新聞紙遊びをする

方法

・新聞紙を上に投げて、頭、腕、足、背中でキャッチする。

・新聞紙をお腹に着けて、歩いたり走ったりする。

チェックポイント

☑ 新聞紙を上に高く上げて、体の一部で落とさないようにキャッチさせる。

☑ 新聞紙が床に落ちないように工夫して、歩いたり走ったりさせる。

新聞紙走り　　　　　　　頭でキャッチ

② **多様な新聞紙遊びができない。**

➡ ## ペアで新聞紙遊びを行う

方法

- ・2人一組で、1人の動きをまねする。投げる、回転する。
- ・順番にまねをして、途中で交代する。

チェックポイント

- ☑ 新聞紙の動きに合わせて動ける。
- ☑ いろいろなバリエーションで、動きを工夫してできる。

新聞紙キャッチ

③ **仲間と一緒に新聞紙遊びができない。**

➡ ## 新聞紙リレー遊びをする

方法

- ・4人グループをつくる。
- ・新聞紙をお腹に貼り、床に落ちないようにしてリレーをする。

チェックポイント

- ☑ 上手に動いている子供をほめて、よい動きを広めさせる。
- ☑ 4人が気持ちを合わせて、同じリズム、テンポで走れる。

落ちないように　　　　コーンを回ってくる

技の習得に向けて：評価のポイント

① **新聞紙遊びを楽しくできる。**

② **いろいろな新聞紙遊びをペアでできる。**

③ **友達と仲良く新聞紙リレーができる。**

1 体つくり運動をどう指導するか

⑧ タオル遊びができない

■学年：1〜6年生　■所要時間：4〜6時間　■準備物：タオル、カラーコーン

めざすフォルム

タオルを上に上げる

2人で引き合う

この状況には、こうしよう！

❶ タオル遊びの仕方が分からない。

➡ 1人でタオル遊びをする

方法

・タオルを上に投げて、手でキャッチする。
・タオルを上に投げて手でキャッチする間に、拍手をする。

チェックポイント

☑ タオルを上に高く投げて、低い姿勢でキャッチさせる。

☑ 拍手の回数を多くする方法を考えさせる。

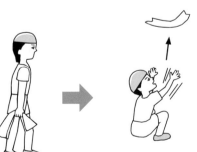

座ってキャッチ

上に投げてキャッチ

② タオルで引き合うことができない。

➡ **ペアでタオル引きをする**

方法

・2人一組でタオルの端と端を持って引き合う。

・スタートの合図で引き合い、ゴールまで引っ張れた方の勝ちとする。

チェックポイント

☑ 手を急に離さないようにさせる。

☑ 腰を低くして、タオルを引き合うようにさせる。

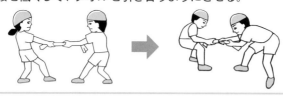

2人で引き合う

③ 集団でのタオル遊びができない。

➡ **集団でタオル引きリレーをする**

方法

・2人一組で、1人がタオルに乗り、もう1人がタオルを引く。

・順番にタオル引きをして、リレーを行う。

チェックポイント

☑ スピードを落とさないで、タオル引きリレーができる。

☑ 途中で崩れたら、その場でやり直しをさせる。

技の習得に向けて：評価のポイント

① タオルを上に投げて、拍手をして、手でキャッチできる。

② 2人一組でタオルの端と端を持って引き合える。

③ 安全に気をつけて、タオル引きリレーができる。

2 器械運動をどう指導するか

ア マット運動をどう指導するか

① スムーズに前回りができない

■学年：1〜4年生　■所要時間：3〜4時間　■準備物：マット

めざすフォルム

この状況には、こうしよう！

❶ 頭のてっぺんがマットにつき、逆立ちになる。

➡ **ゆうれい前回り**

方法

・手の甲を着けて、ゆうれい前回りをする。

チェックポイント

☑ 頭を腕の中に入れる。

☑ マットを蹴り、回転加速をつけさせる。

❷ そのために背中からマットに落ちてしまう。

➡ げんこつ前回り

方法

・手をげんこつにして、げんこつ前回りをする。

チェックポイント

☑ げんこつは耳元につけるようにさせる。

☑ マットに踏み切り板を入れて、坂道を回るようにさせる。

❸ 逆さになることが怖くて、顎が出て、背中が丸められない。

➡ パー前回り

方法

・手をパーにして、手の平前回りをする。

チェックポイント

☑ 両腕で体を支持させる。

☑ それでも回れない子供には、補助をする。

技の習得に向けて：評価のポイント

❶ 手の甲、げんこつ、パーで3回ずつ回り、後頭部―背中―腰―足で回れるようになる。

❷ 踏み切り板を入れた坂道を3回回ることで回転スピードがつき、スムーズに回れる。

❸ 教師の補助が3回で、回れない子供も無理なくできるようになる。

2 器械運動をどう指導するか

ア マット運動をどう指導するか

② 恐怖心が強く後回りができない

■学年：1〜4年生　■所要時間：3〜4時間　■準備物：マット、傾斜マット

めざすフォルム

この状況には、こうしよう！

① 顎が上がるため、背中が反ってしまい回れない。

➡ ゆりかごをする

方法

・膝を抱えたゆりかごをする。

・手をグーにして、ゆりかごをする。　・手をパーにして、ゆりかごをする。

チェックポイント

☑ 3回ずつ練習させる。

☑ グーゆりかご、パーゆりかごでは、足をマットに着くようにさせる。

足―腰―背―後頭部の順に着く

② 逆さ感覚が身に付いていないので後ろに回転できない。

→ **げんこつ後ろ回り**

方法

- 手をグーにして、後ろ回りをする。
- 顎を引いたグー後ろ回りをする。

チェックポイント

- ☑ 1人で回れない時には、坂道や補助をしてあげる。
- ☑ 回転のスピードを上げるために、お尻を遠くに着くようにさせる。

③ 回転のスピードが弱く、途中で止まってしまい、回れない。

→ **パー後ろ回り**

方法

- 着手をパーにして、後ろ回りをする。
- 顎を引いたパー後ろ回りをする。

チェックポイント

- ☑ 1人で回れない時には、坂道や補助をしてあげる。
- ☑ 回転のスピードを上げるために、お尻を遠くに着くようにさせる。

技の習得に向けて：評価のポイント

① 後ろ回りの方法が分かり、後ろ回りができる。

② 後ろに倒れ込みができ、後ろ回りができる。

③ 回転のスピードがあり、スムーズな後ろ回りができる。

2 器械運動をどう指導するか

ア マット運動をどう指導するか

③ 足の開いた開脚前転ができない

■学年：3〜6年生　■所要時間：4〜6時間　■準備物：マット

めざすフォルム

肘や膝を伸ばす　　　　　足元に力を入れる　　　　　膝を伸ばす

この状況には、こうしよう！

❶ 着手が遅れて、開脚前転で立てない。

➡ 小マットを3枚重ねて行う

方法

・小マットを3枚重ねて、開脚前転を行う。両膝を伸ばす。

・足は、マットの外に出るようにする。

チェックポイント

☑ 手の指を開き、着手を早くさせる。

☑ 立ち上がる時は、マットを強く押させる。

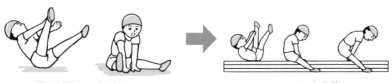

着手が遅れ、立てない　　　　　　　　　　　マット3枚

② 回転のスピードがなく、開脚前転で立てない。

➡ 小マットを2枚重ねて行う

方法

・小マットを2枚重ねて、開脚前転を行う。両膝を伸ばす。

・回転のスピードをつけるようにする。

チェックポイント

☑ 手の指を開き、着手を早くさせる。

☑ 回転のスピードをつけ、マットを強く押させる。

回転のスピードがなく、立てない　　　　　　　マット2枚

③ 膝の伸びた開脚前転ができない。

➡ 小マット1枚で行う

方法

・小マットを1枚で、開脚前転を行う。膝が伸びない時は踏み切り板を使う。

・足先をしっかり床に着けて、立つようにする。

チェックポイント

☑ 手の指を開き、着手を早くさせる。

☑ 足先をしっかり床に着け、マットを強く押させる。

膝が曲がる　　　　　　　　　　　　　踏み切り板を使う

技の習得に向けて：評価のポイント

① 小マットを3枚重ねて、開脚前転ができる。

② 小マットを2枚重ねて、開脚前転ができる。

③ 小マットを1枚で、開脚前転ができる。

2 器械運動をどう指導するか

ア マット運動をどう指導するか

④ 腰の伸びた側方倒立回転ができない

■学年：3～6年生　■所要時間：4～6時間　■準備物：マット、跳び箱、傾斜マット

めざすフォルム

この状況には、こうしよう！

❶ 側方倒立回転の動き方が分からないのでできない。

➡ マットで川跳び

方法

- その場で、「トン・トン」のリズムで跳ぶ。
- 手を1歩前に着いて、手─足の順に着く。

チェックポイント

☑ 両手に体重をかけ、それから足を上げさせる。

☑ 足が床に着いた時には、両手を上げさせる。

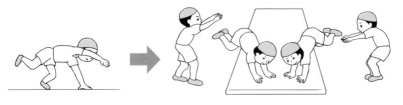

「トン・トン」のリズムで跳ぶ　逆向きも行う

② 手―手―足―足の順次性が分からないのでできない。

➡ 1台の跳び箱で川跳び

方法

- 「ト・トーン・トン・トン」のリズムで跳ぶ。
- 腰を高く上げて、手―手―足―足の順序で跳ぶ。

チェックポイント

☑ 最初はその場で、「ト・トーン・トン・トン」のリズムを言わせる。

☑ リズムが身に付いたら、ゆっくりと手―手―足―足の順序で跳ばせる。

逆向きも行う

③ 腰の伸びた側方倒立回転ができない。

➡ マット3枚で跳ぶ

方法

- 90cmの小マット3枚を重ねて跳ぶ。
- できたら90cmの小マット3枚を跳び越す。

チェックポイント

☑ 最初は跳び越えなくてもよい。

☑ 慣れてきたら3枚→2枚→1枚のマットを跳び越えさせる。

「ト・トーン・トン・トン」のリズムで回転する

技の習得に向けて：評価のポイント

① マットで「トン・トン」のリズムで跳べる。

② 「ト・トーン・トン・トン」のリズムで跳べる。

③ 腰の伸びた側方倒立回転が連続して跳べる。

2 器械運動をどう指導するか

1 鉄棒をどう指導するか

① 前回り下りが怖くてできない

■学年：1～2年生　■所要時間：3～4時間　■準備物：鉄棒

めざすフォルム

この状況には、こうしよう！

❶ 逆さになる恐怖心があり、体を倒すことができない。

➡ ## ふとんほしから下りる

方法

- 鉄棒にのり、ふとんほしをする。
- ふとんほしから、ゆっくり前回り下りをする。

チェックポイント

☑ 全身の力を抜き、脱力させる。

☑ 顎を引いて、ゆっくりと前回り下りをさせる。

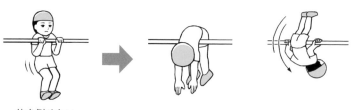

体を倒せない　　　　　　　　　ふとんほし

❷ 顎が上がり、背中を丸めることができない。

➡ 小マット３枚を重ねる

方法

- 鉄棒の下に小マットを３枚重ねる。
- 小マット３枚でできたら、１枚ずつ減らしていく。

チェックポイント

☑ 小マットがあるので、恐怖心が取れ、安心して回れる。

☑ 慣れてきたら、連続前回り下りをさせる。

マット3枚

❸ 回転感覚が身に付いていないので、スムーズに回れない。

➡ 小マット１枚で練習

方法

- 小マットを１枚にして、前回り下りする。
- １枚でもできたら、小マットを取って行う。

チェックポイント

☑ 連続前回り下りが３回できたら合格。

☑ どうしても１人で前回り下りができない時には、補助をする。

マット1枚

技の習得に向けて：評価のポイント

①　ふとんほしから前回り下りができる。

②　小マット５枚→４枚→３枚→２枚と、重ねる枚数を減らして下りられるようになる。

③　小マットなしで、スムーズに回れる。

2 器械運動をどう指導するか

1 鉄棒をどう指導するか

② 足抜き回りが調子よく回れない

■学年：1～4年生　■所要時間：4～6時間　■準備物：鉄棒

めざすフォルム

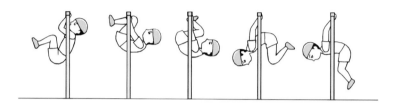

この状況には、こうしよう！

❶ 腕支持が弱いため、体を鉄棒に引き上げられない。

➡ 鉄棒にぶら下がる

方法

・胸の高さの鉄棒にぶら下がる。

・鉄棒は順手で、強く握る。

チェックポイント

☑ 10秒間、ぶら下がったら合格とする。

☑ ぶら下がれない子供には、補助をする。

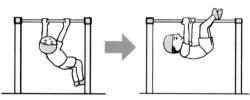

ぶたの丸焼き

ダンゴ虫

② 足を胸に引きつけられないので、鉄棒をくぐれない。

➡ ## 片方の足を鉄棒にかける

方法

• 鉄棒を両手で握り、片方の足を鉄棒にかけ、もう片方の足を蹴って回る。

• 腰を持ち上げるようにする。

チェックポイント

☑ 3回連続でできたら合格とする。

☑ 回る時に握っている手が離れそうになったら、上から手を握ってあげる。

片足をかける

③ 腕支持の力が弱いため、体を支えきれずに、落下する。

➡ ## 両足を鉄棒にかける

方法

• 地面から両足を上げ、両足を鉄棒にかけて回る。

• 回れたら、下に足を着けないで、元に戻る往復の足抜き回りをする。

チェックポイント

☑ 往復3回できたら合格とする。

☑ 両足そろえてできない時には、片足ずつ鉄棒に足をかけて回らせる。

両足をかける

技の習得に向けて：評価のポイント

① 鉄棒にぶら下がり、10秒できる。

② 片足をかけて、もう片足を蹴って、3回できる。

③ 両足そろえて、往復3回できる。

2 器械運動をどう指導するか

1 鉄棒をどう指導するか

③ 逆上がりで腰が鉄棒から離れ、上がれない

■学年：1～6年生　■所要時間：4～6時間　■準備物：鉄棒、跳び箱、踏み切り板、くるりんベルト

めざすフォルム

この状況には、こうしよう！

❶ 逆さになる恐怖心が強く、頭を後方に倒せない。

➡ **ダンゴ虫を練習する**

方法

・鉄棒を両手で握り、ぶら下がる。鉄棒の上に顎がくるようにする。

・腿は水平にする。

チェックポイント

☑ 鉄棒の上に顎がのせられない子供は、無理につけなくてもよい。

☑ 10秒できたら合格とする。

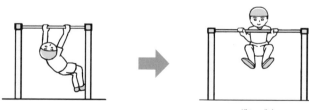

ダンゴ虫

❷ 体を鉄棒に引き上げ、回転することができない。

→ **段階別鉄棒で練習**

方法

・跳び箱に踏み切り板をのせて、踏み切り板を蹴って逆上がりをする。

・跳び箱の高さを段々低くして、逆上がりができるようにする。

チェックポイント

☑ 1つの段階が連続3回できたら合格とする。

☑ 跳び箱の高さは3段→2段→1段→踏み切り板→なしの順で行わせる。

ステップ1	ステップ2	ステップ3
跳び箱 3段	跳び箱 2段	跳び箱 1段

ステップ4	ステップ5	ステップ6
跳び箱 1個	踏み切り板のみ	何もなし

❸ 回転力が弱いために、頭が上がらず、回れない。

→ **くるりんベルトで練習**

方法

・腰にくるりんベルトをつけて回転する。

・跳び箱に踏み切り板をのせて、踏み切り板を蹴って逆上がりをする。

チェックポイント

☑ 1つの段階が連続3回できたら合格とする。

☑ 跳び箱の高さは3段→2段→1段→踏み切り板→なしの順で行わせる。

くるりんベルト

技の習得に向けて：評価のポイント

❶ ダンゴ虫（持久懸垂力）が10秒できる。

❷ 段階別鉄棒で、3段→2段→1段→踏み切り板→なしの順でできる。

❸ くるりんベルトをつけて、3段→2段→1段→踏み切り板→なしの順でできる。

※「鉄棒くるりんベルト」（東京教育技術研究所　https://www.tiotoss.jp/　0120-00-6564）

2 器械運動をどう指導するか

❶ 鉄棒をどう指導するか

④ 後方支持回転のスピードがなく、上がれない

■学年：3〜6年生　■所要時間：4〜6時間　■準備物：鉄棒、跳び箱、踏み切り板、くるりんベルト

めざすフォルム

この状況には、こうしよう！

❶ 恐怖心が強く、後ろに体を倒せない。

➡ **逆上がりができる**

方法

・跳び箱に踏み切り板をのせて、踏み切り板を蹴って逆上がりをする。

・跳び箱の高さをだんだん低くして、逆上がりができるようにする。

チェックポイント

☑ 1つの段階が連続3回できたら合格とする。

☑ 跳び箱の高さは3段→2段→1段→踏み切り板→なしの順で行わせる。

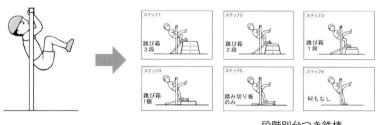

段階別台つき鉄棒

② 回転加速を出して回れないために、落下する。

➡ # くるりんベルトで回る

方法

・腰にくるりんベルトをつけて回転する。

・最初はベルトをきつく締め、だんだんゆるめていく。最後はベルトなしで行う。

チェックポイント

☑ 1つの段階が連続3回できたら合格とする。

☑ だんだんベルトをゆるめて3回ずつ回らせる。

落下する　　　　　　　　　くるりんベルト

③ 手首の返しがなく、鉄棒に上がれない。

➡ # 補助つきで回る

方法

・鉄棒のそばで肩と腰を補助して回転する。

・だんだん回れるようになったら、補助の力を弱めていく。

チェックポイント

☑ 肩を押して、回転加速をつけるようにさせる。

☑ 腰を補助し、鉄棒から離れないようにさせる。

肩と腰を補助

技の習得に向けて：評価のポイント

① 後方に体を倒すことができる。

② 回転加速がなく、途中で落下しない。

③ 手首の返しがなく、起き上がれる。

2 器械運動をどう指導するか

🕐 鉄棒をどう指導するか

⑤ 前方支持回転の手首が返らず、回れない
■学年：3〜6年生　■所要時間：4〜6時間　■準備物：鉄棒、くるりんベルト

めざすフォルム

この状況には、こうしよう！

❶ 恐怖心が強く、前に体を倒して回転できない。

➡ 前回りを練習する

方法

・小マットを1枚にして、前回り下りする。

・1枚でもできたら、小マットを取って行う。

チェックポイント

☑ 連続前回り下りが3回できたら合格。

☑ どうしても1人で前回り下りができない子供には、肩と腰を持って補助する。

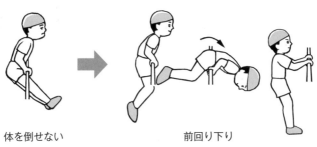

体を倒せない　　　　　　　　　前回り下り

❷ 顎を出して回転加速をつけて回れないため、落下する。

➡ **くるりんベルトで回る**

方法

- 腰にくるりんベルトをつけて回転する。
- 最初はベルトをきつく締め、だんだんゆるめていく。
- 最後はベルトなしで行う。

チェックポイント

☑ 1つの段階が連続3回できたら合格とする。

☑ だんだんベルトをゆるめて3回ずつ回らせる。

鉄棒と腿の
付け根をつける

❸ 手首の返しがなく、鉄棒に上がれない。

➡ **補助つきで回る**

方法

- 鉄棒のそばで肩と腰を補助して回転する。
- だんだん回れるようになったら、補助の力を弱めていく。

チェックポイント

☑ 肩を押して、回転加速をつけるようにさせる。

☑ 腰を補助し、鉄棒から離れないようにさせる。

腰か背中を押す

技の習得に向けて：評価のポイント

❶ 前方に体を倒すことができる。

❷ 回転加速があり、途中で落下しない。

❸ 手首の返しをして、起き上がれる。

2 器械運動をどう指導するか

✓ 跳び箱をどう指導するか

① 開脚跳びができない

■学年：3〜6年生　■所要時間：4〜6時間　■準備物：跳び箱、タイヤ

めざすフォルム

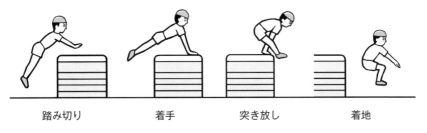

踏み切り　　　　　着手　　　　　突き放し　　　　　着地

この状況には、こうしよう！

❶ 走ってきても馬乗りになり、跳び箱を跳び越せない。

➡ タイヤ跳びをする

方法

- 1人で低いタイヤ跳びをする。
- 1人で高いタイヤ跳びをする。
- 1人で連続タイヤ跳びをする。

チェックポイント

☑ 手の着き放しができるようにさせる。

☑ リズミカルに跳べるようにさせる。

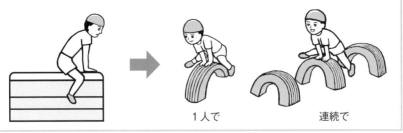

1人で　　　　　連続で

② 着手のあと、肩を前に出して、強く着き放せない。

➡ **馬跳びをする**

方法

・2人一組で馬をつくる。

・1人が馬をつくり、もう1人が跳ぶ。　・1人3回跳んだら交代する。

チェックポイント

☑ 馬の背中を強く着き放すようにさせる。

☑ できるだけ、遠くに着地するようにさせる。

③ 跳び箱が高くなると、恐怖心が強くなり跳び越せない。

➡ **腕を支点とした体重移動**

方法

・跳跳び箱にまたいで、3回跳び下りる。

・跳び越す時、肩と腰を補助して跳び箱を跳ぶ。

チェックポイント

☑ 最初は低い跳び箱で、助走しないで跳ばせる。

☑ 慣れてきたら、助走して跳ばせる。

向山型A式指導　　　向山型B式指導

技の習得に向けて：評価のポイント

① タイヤ跳びが、連続してできる。

② 馬跳びが、連続してできる。

③ 跳び箱を跳び越すことができる。

2 器械運動をどう指導するか

☑ 跳び箱をどう指導するか

② 抱え込み跳びが怖くて跳び越せない

■学年：3～6年生　■所要時間：4～6時間　■準備物：跳び箱、踏み切り板、マット

めざすフォルム

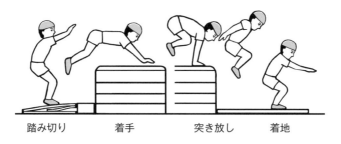

踏み切り　　　着手　　　　突き放し　　　着地

この状況には、こうしよう！

❶ 踏み切っても跳べないで、跳び箱の上に止まる。

➡ マットでウサギ跳び

方法

- 「トン」で両手を床に着き、両足で跳ぶ。
- 「パッ」で両足を床に着き、両手を前に出す。

チェックポイント

☑ 最初はその場で、「トン・パッ」のリズムで何回も跳ばせる。

☑ 「トン・パッ」のリズムが身に付いたら、1歩前に跳ばせる。

正座　　　　　　　　　　　　　　　　マット

② 両手の間から足を抜こうとして、跳べない。

➡ 重ねマットでウサギ跳び

方法

- 両手の間から足を抜こうとして跳べない時には、90cmの小マットをウサギ跳びで跳び越す。
- 1枚→2枚→3枚→4枚と重ねマットでウサギ跳びをする。

チェックポイント

☑ 最初は跳び越えなくてもよい。

☑ 慣れてきたら1枚のマットを跳び越える。

☑ 高さのある場所でのウサギ跳びをさせる。

4枚のマット

③ マットでは跳べるが、跳び箱は跳べない。

➡ 跳び箱の前のマットに着手

方法

- 跳び箱3段の前に小マットを重ね、同じ高さにする。
- 跳び箱に着手しないで、マットに着手する。

チェックポイント

☑ マットに着手することで肩角度を大きくさせる。

☑ マットでできたら、跳び箱に着地させる。

マットに着手、
マットに着地

技の習得に向けて：評価のポイント

① 1枚のマットでウサギ跳びができる。

② 1枚→2枚→3枚→4枚のマットでウサギ跳びができる。

③ 跳び箱の前のマットに着手して、跳び越す。

2 器械運動をどう指導するか

⑦ 跳び箱をどう指導するか

③ 台上前転がスムーズに回れない

■学年：3～6年生　　■所要時間：4～6時間　　■準備物：跳び箱、踏み切り板、マット

めざすフォルム

踏み切り　　　　　着手　　　　　回転　　　　　着地

この状況には、こうしよう！

❶ 手─後頭部─背─腰─足の順に回れない。

➡ マット1枚で前転

方法

- 両手を前に着き、腰角度を大きくする。
- 手─後頭部─背─腰─足の順に着く。

チェックポイント

☑ 足で蹴り、腰を高く上げるようにさせる。

☑ 膝を使って、腰を高くさせる。

手─後頭部─背─腰─足

❷ **踏み切りが弱く、腰を高く引き上げられない。**

➡ **重ねたマットで台上前転**

方法

- 小マットを1枚→2枚→3枚→4枚と重ねて台上前転をする。
- 足首を伸ばし、膝の伸びた台上前転をする。

チェックポイント

☑ 重ねたマットで回ることで、恐怖心を取り除く。

☑ マットを高くする中で、跳び箱の高さに近づける。

マット4枚

❸ **肩角度の大きな前転をして、回転スピードがない。**

➡ **低い跳び箱で台上前転**

方法

- 跳び箱1段→2段→3段の順に台上前転をする。
- 低い跳び箱では助走なしで行い、高くなるに従い、助走を行う。

チェックポイント

☑ 強い踏み切りで腰を高く引き上げ、台上前転をさせる。

☑ 両腕でしっかりと支持し、後頭部、背、腰の順に回らせる。

技の習得に向けて：評価のポイント

❶ マットで、腰角度の大きな前転がスムーズにできる。

❷ 跳び箱に後頭部を着き、回転することができる。

❸ 回転加速があり、スムーズに回転し、安定した着地ができる。

2 器械運動をどう指導するか

ウ 跳び箱をどう指導するか

④ 頭跳ね跳びがなめらかに跳べない

■学年：4〜6年生　■所要時間：4〜6時間　■準備物：跳び箱、踏み切り板、マット

めざすフォルム

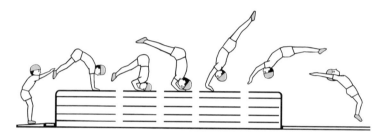

この状況には、こうしよう！

❶ 膝が曲がり、大きな跳ねができない。

➡ 膝の伸びた台上前転をする

方法

・低い跳び箱で、膝の伸びた台上前転をする。できたら高くしていく。

・跳び箱でできたら、ステージの上から膝の伸びた台上前転をする。

チェックポイント

☑ 両足で強く蹴って、「トン・トン・トーン」のリズムで回転させる。

☑ つま先を残して、後頭部、背、腰の順に回らせる。

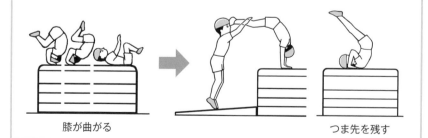

膝が曲がる　　　　　　　　　　　　　　　　つま先を残す

❷ 跳ねるタイミングが遅く、体を反らせない。

➡ ステージからの跳ね跳びをする

【方法】

- 膝を見て、足が頭上にきた時に跳ねる。
- ステージの上から、跳ねのタイミングを練習する。

【チェックポイント】

☑ ステージ上から跳ねることで、恐怖心を取り除く。
☑ 足の踵でガラスを割るようなイメージでさせる。
☑ 額を着くようにすると頭頂部が着ける。

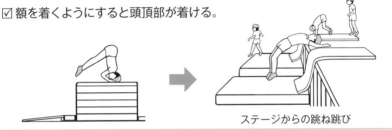

ステージからの跳ね跳び

❸ 跳び箱で、強い突き放しができない。

➡ 連結した跳び箱で跳ね跳びをする

【方法】

- 跳び箱4段を2つ連結したところで、頭跳ね跳びをする。
- 跳び箱2段と4段を連結したところで、頭跳ね跳びをする。

【チェックポイント】

☑ 最後まで跳び箱を両手で押し続けさせる。
☑ 顎を突き出し、体を大きく反らせて跳ね跳びをさせる。

同じ跳び箱2台　　　低い　　高い

【技の習得に向けて：評価のポイント】

❶ 膝の伸びた台上前転ができる。
❷ ステージからの跳ね跳びができる。
❸ 連結した跳び箱で跳ね跳びができる。

3 陸上運動をどう指導するか

① かけっこが真っ直ぐに走れない

■学年：1～4年生　　■所要時間：3～4時間　　■準備物：カラーコーン

めざすフォルム

しっかり地面をキックする

この状況には、こうしよう！

❶ スタートで下を向いたまま走り、横に曲がってしまう。

➡ リズム太鼓に合わせて走る

方法

・リズム太鼓に合わせて、自由に走る。

・前向き走、後ろ向き走、スキップ走、ギャロップ走を行う。

チェックポイント

☑ 下を見ないで、真っ直ぐに走るようにさせる。

☑ いろいろな動きで、走れるようにさせる。

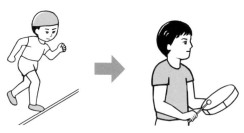

前向き走

② 足もとを見たり、友達を見たりして真っ直ぐ走れない。

➡ 追いかけ走をする

方法

- 合図でスタートし、前の人をタッチしたら勝ち。
- 前の人は、タッチされなければ勝ち。追いかける人、追いかけられる人は交替。

チェックポイント

☑ 前の人の背中にタッチさせる。

☑ 途中、曲がらないで真っ直ぐ走るようにさせる。

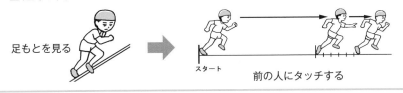

足もとを見る

スタート　前の人にタッチする

③ 最後まで前を見て走れず、ゴールで曲がってしまう。

➡ まっすぐ前を見て走る

方法

- ゴール前方に目標物を設定して走る。
- 左右の人にぶつからないように走る。

チェックポイント

☑ スタートを低くして、ダッシュさせる。

☑ 前方の目印を見て、真っ直ぐに走らせる。

ゴールで曲がる

まっすぐ走る

技の習得に向けて：評価のポイント

① スタートダッシュをして、真っ直ぐに走れる。

② 足もとを見たり、友達を見たりしないで、真っ直ぐ走れる。

③ ゴール前の目標を見て、曲がらないで真っ直ぐに走れる。

3 陸上運動をどう指導するか

② ハードルがスムーズに跳び越せない

■学年：5〜6年生　■所要時間：4〜6時間　■準備物：ハードル、赤玉

めざすフォルム

この状況には、こうしよう！

❶ 恐怖心があり、ハードルが跳べない。

➡ 踏み切り足を見つける

方法

・歩きながら低いハードルを越える。

・右足、左足の両方で踏み切り、どちらがよいかを見つける。

・利き足が見つかったら、走りながら越える。

チェックポイント

☑ またぎやすい踏み切り足を見つけさせる。

☑ 利き足で踏み切り、走れるようにさせる。

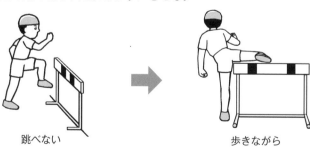

跳べない　　　　　　歩きながら

② 自分に合ったインターバルが分からない。

➡ 一定のインターバルで走る

方法

- ハードルを3歩、5歩のインターバルで走る。
- 自分の力に合った高さでまたぎ越す。

チェックポイント

☑ 無理をして3歩で行わない。最初は5歩、慣れてきたら3歩にさせる。

☑ 高さも低、中、高の高さを行い、自分に合った高さで行わせる。

3歩のリズムで

トン　　　1　2　3

③ ハードルの遠くから踏み切り近くに着地できない。

➡ 遠くから踏み切り近くに着地

方法

- ハードルの遠くから踏み切り、ハードルの近くに着地する。
- ハードルを低く、またぎ越す。

チェックポイント

☑ 踏み切り地点、着地点に赤玉を置いて跳ばせる。

☑ 無理に遠くから行わない。

赤玉

技の習得に向けて：評価のポイント

❶ ハードルを低くまたぎ越せる。

❷ 3歩、5歩の一定のインターバルで走れる。

❸ ハードルの遠くから踏み切り、ハードルの近くに着地できる。

3 陸上運動をどう指導するか

③ 走り幅跳びが遠くへ跳べない

■学年：4～6年生　■所要時間：4～6時間　■準備物：砂場

めざすフォルム

助走　　踏み切り　　空中姿勢　　　　　　着地

この状況には、こうしよう！

❶ 助走のスピードがなく、遠くへ跳べない。

➡ 助走距離を見つける

方法

・5m、10m、15m、20m地点から走り、一番スピードの出る地点を見つける。

・強く踏み切れる助走距離を見つける。

チェックポイント

☑ 遠くから助走してもスピードが落ちない。

☑ 自分の力に合った助走距離を見つけさせる。

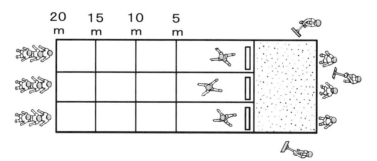

❷ 利き足で、強く踏み切れないため、遠くへ跳べない。

➡ ## 踏み切り足を見つける

| 方法 |

・右足、左足の利き足がある。どちらの足が強く踏み切れるか見つける。

・助走しながら、跳びやすい踏み切り足を見つける。

| チェックポイント |

☑ 足の裏全体で強く踏み切るようにさせる。

☑ 踏み切りの1歩前は狭くして踏み切らせる。

❸ 腿を高く引き上げられないため、遠くへ跳べない。

➡ ## 腿を高く上げる

| 方法 |

・強く踏み切ったら、踏み切りの反対足を高く引き上げる。

・空中では体を反らすようにして、遠くへ跳ぶ。

| チェックポイント |

☑ 踏み切りと同時に、反対足を引き上げさせる。

☑ 踏み切りと同時に、手で体を引き上げさせる。

腿が上がらない

ももを高く引き上げる

高くジャンプ

| 技の習得に向けて：評価のポイント |

❶ 助走距離が見つかり、スピードのある助走で、遠くへ跳べる。

❷ 利き足で強く踏み切り、遠くへ跳べる。

❸ 踏み切りの反対足を引き上げ、体を反らして遠くへ跳べる。

3 陸上運動をどう指導するか

④ 走り高跳びが高く跳べない

■学年：4〜6年生　■所要時間：4〜6時間　■準備物：スタンド、バー、ケンステップ

めざすフォルム

助走　　踏み切り　　　　　　空中姿勢　　　　　　　　着地

この状況には、こうしよう！

❶ 助走のスピードがなく、高く跳べない。

➡ 助走の歩数を見つける

方法

・3歩、5歩、7歩の地点から走り、一番スピードの出る歩数を見つける。

・強く踏み切れる助走歩数を見つける。

チェックポイント

☑ 遠くから助走してもスピードが落ちない。

☑ 自分の力に合った助走歩数を見つけさせる。

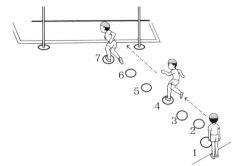

❷ 踏み切り足が強く踏み切れず、高く跳べない。

➡ **踏み切り足を見つける**

方法

- バーに対して、右から助走する場合は左足で踏み切る。バーに対して、左から助走する場合は右足で踏み切る。どちらの足が強く踏み切れるか見つける。
- 助走しながら、跳びやすい向き、踏み切り足を見つける。

チェックポイント

☑ 足の裏全体で強く踏み切るようにさせる。

☑ 踏み切りの1歩前は広くして踏み切りをさせる。

❸ 振り上げ足を高く上げられず、高く跳べない。

➡ **足を高く振り上げる**

方法

- 強く踏み切ったら、踏み切りの反対足を高く振り上げる。
- 着地する時、バーを見る。

チェックポイント

☑ 踏み切ったと同時に、反対足を振り上げさせる。

☑ 踏み切りと同時に、手で体を引き上げさせる。

技の習得に向けて：評価のポイント

❶ 助走の歩数が見つかり、スピードのある助走で、高く跳べる。

❷ 利き足で強く踏み切り、高く跳べる。

❸ 踏み切りの反対足を振り上げ、着地する時はバーが見られる。

3 陸上運動をどう指導するか

⑤ リレーでバトンをうまく渡せない
■学年：1〜6年生　■所要時間：4〜6時間　■準備物：バトン、赤玉

めざすフォルム

バトンを渡す

バトンを受け取る

この状況には、こうしよう！

❶ バトンの受け渡し方が分からないため、バトンを落とす。

➡ 歩きながらバトンパス

方法
・2人で歩きながら交互にバトンパスをする。
・4人で歩きながら交互にバトンパスをする。
・6人で歩きながら交互にバトンパスをする。

チェックポイント
☑ ハイと言いながらバトンの受け渡しをさせる。
☑ 先頭を交代しながら受け渡しをさせる。

歩きながら受け渡し

② スタートするタイミングが分からず、スピードが落ちる。

➡ **軽く走りながらバトンパス**

方法

- 2人、4人で軽く走りながら、バトンパスをする。
- 6人で軽く走りながら、バトンパスをする。

チェックポイント

☑ ハイと言いながらバトンの受け渡しをさせる。

☑ 先頭を交代しながら受け渡しをさせる。

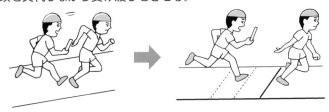

③ バトンの受け渡しの位置が分からず、ぶつかる。

➡ **赤玉を置いてバトンパス**

方法

- 2人、4人で赤玉を置いてダッシュの練習をする。
- 肩の位置でバトンの受け渡しをする。

チェックポイント

☑ バトンの受け渡しは、手を高くして行わせる。

☑ ハイと言いながらバトンの受け渡しを行わせる。

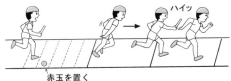

赤玉を置く

技の習得に向けて：評価のポイント

① バトンを落とさないで、スムーズなバトンパスができる。

② バトンを渡す時、スピードが落ちないでバトンパスができる。

③ 相手にバトンを渡す位置が高く、素早くバトンパスができる。

4 水泳をどう指導するか

① 水を怖がり伏し浮きができない

■学年：1〜2年生　■所要時間：3〜4時間　■準備物：ハードル、石、ヘルパー

めざすフォルム

この状況には、こうしよう！

❶ 水慣れの体験が少なく、水に顔がつけられない。

➡ 水中を歩いたり走ったりする

方法

- 最初はプールサイドにそって、歩いたり走ったりする。
- 慣れてきたら、プールの中央を歩いたり、走ったりする。

チェックポイント

☑ 最初はゆっくりと歩く。慣れてきたら走らせる。

☑ 水を怖がる子供には、手をつないで行わせる。

歩いたり走ったりする　　　鬼ごっこ

❷ プールに潜ったことがなく、顔を水の中に入れられない。

➡ **石拾いをする**

方法

- プールの底に石を置き、潜って拾う。
- グループ対抗にして、集めた石の合計で勝敗を決める。

チェックポイント

☑ 最初は浅い場所で行う。目を開けて拾わせる。

☑ 怖がる子供には、教師が手をつないで一緒に潜らせる。

石を拾う

❸ 脱力をして水に浮くことができず、伏し浮きができない。

➡ **腰にヘルパーをつける**

方法

- 腰にヘルパーをつけて手と足を伸ばす。
- 3秒→5秒→10秒と延ばしていく。

チェックポイント

☑ 腰につけるヘルパーは、3個→2個→1個の順にさせる。

☑ 最後はヘルパーを取り、伏し浮きをさせる。

☑ 全身の脱力をさせる。

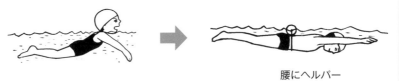

腰にヘルパー

技の習得に向けて：評価のポイント

❶ 恐怖心がなくなり、水に顔がつけられる。

❷ 恐怖心がなくなり、プールの中に潜れる。

❸ 恐怖心がなくなり、伏し浮きができる。

4 水泳をどう指導するか

② クロールで息継ぎが続かない

■学年：3～6年生　　■所要時間：3～4時間　　■準備物：ヘルパー、ビート板

めざすフォルム

この状況には、こうしよう！

❶ 水慣れが不十分で体が緊張し、浮くことができない。

➡ 腰にヘルパー・だるま浮き

方法

• 腰にヘルパーを着け、だるま浮きをする。

• 最初は膝を手で抱えない。慣れてきたら、手で膝を抱えてだるま浮きをする。

チェックポイント

☑ 腰のヘルパーは、3個→2個→1個の順にさせる。

☑ 最後はヘルパーを取らせる。

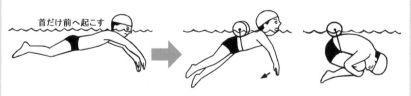

首だけ前へ起こす　　　膝を手で抱えない　　　手で膝を抱える

② 正しいバタ足ができないために、前に進まない。

➡ **背中にヘルパー・面かぶり**

方法
- 腰にヘルパーを着け、ビート板に手をのせ、面かぶりクロールをする。
- 慣れてきたら、ビート板なしで両手を伸ばして、面かぶりクロールをする。

チェックポイント
☑ 腰のヘルパーは、3個→2個→1個の順にし、最後はヘルパーを取らせる。
☑ 水中では目を開け、息を吐く。
☑ 途中、曲がらないで真っ直ぐ泳がせる。

ビート板に手をのせる

③ 顔が上がっても口を閉じているために、呼吸ができない。

➡ **背中にヘルパー・呼吸**

方法
- 腰にヘルパーを着け、ビート板に手をのせクロールをする。
- 慣れてきたら、ビート板なしでクロール。
- 顔を上げた時に「パッ」と息を吐く。

チェックポイント
☑ できるだけ遠くの水をキャッチさせる。

口を閉じている　　　ビート板

技の習得に向けて：評価のポイント
① 水慣れができ、浮くことができる。
② 面かぶりクロールで、前に進む。
③ 呼吸の仕方が分かり、上手に呼吸ができる。

4 水泳をどう指導するか

③ 平泳ぎで手と足のタイミングが合わない

■学年：3〜6年生　■所要時間：3〜4時間　■準備物：ヘルパー、ビート板

めざすフォルム

この状況には、こうしよう！

❶ カエル足でキックできないため、ドルフィンキックになる。

➡ カエル足の練習

方法

• プールサイドで、カエル足の練習をする。

• プールサイドにつかまり、踵をお尻に近づけ、両足を蹴る。

• ビート板を持ち、カエル足の練習をする。

チェックポイント

☑ 踵を十分にお尻に引きつけさせる。

☑ 両足は、一気に強く蹴り出させる。

ドルフィンキック　　　プールサイドで　　　正しいキック

② 手と足の動きが一緒になり、足の蹴りの伸びがいかせない。

➡ 手と足の協応の練習

方法
- 手でかくと同時に足をカエル足にする。
- 両足で蹴ったあと、両手を伸ばす。

チェックポイント
- ☑ 手の動きと足の蹴りを同時に行わない。同時に行うと前に進まない。
- ☑ 足で蹴ったあと、体を伸ばして浮くようにさせる。

ビート板を持つ

---

③ 手のかきと呼吸のタイミングが合わないため、沈む。

➡ 呼吸の練習

方法
- ビート板を持ち、足を蹴ったあとに顔を上げ、「パッ」と息を吐く。
- 足の蹴りと呼吸のタイミングを合わせる。

チェックポイント
- ☑ 「パッ」と息を吐き、自然に息を吸わせる。
- ☑ ヘルパーで呼吸ができたら、ヘルパーをとり、練習させる。

ビート板を持つ　　　顔を上げて息を吐く

技の習得に向けて：評価のポイント
- **①** 足がドルフィンキックでなく、カエル足で泳げる。
- **②** 手と足のタイミングが合い、前に進める。
- **③** 平泳ぎの呼吸ができ、長く泳げる。

4 水泳をどう指導するか

④ 背泳ぎで腰が曲がってしまう

■学年：3〜6年生　■所要時間：3〜4時間　■準備物：ヘルパー、ビート板

この状況には、こうしよう！

この状況には！こうしよう

❶ 目をつぶり、体が緊張してすぐに沈んでしまう。

➡ **背浮きの練習をする**

方法

・腰にヘルパーを着け、背浮きをする。

・最初は足で立ち、そのあと、けのびをして、背浮きをする。

チェックポイント

☑ 腰のヘルパーは、3個→2個→1個の順にさせる。

☑ 最後はヘルパーを取らせる。

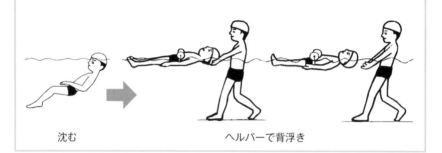

沈む　　　　　　　　　ヘルパーで背浮き

❷ リラックスして、ゆっくりと背浮きから泳げない。

➡ ちょうちょう背泳ぎの練習

方法

- 腰にヘルパーを着け、ちょうちょう背泳ぎをする。最初は手だけで泳ぐ。
- 慣れてきたら、手と足を動かして泳ぐ。

チェックポイント

- ☑ 腰のヘルパーは、3個→2個→1個の順にし、最後はヘルパーを取らせる。
- ☑ 顎を出すようにし、手は大きく動かすようにさせる。

手だけ　　　　　　手と足の両方

❸ 顎を締めてしまい、曲がり背泳ぎができない。

➡ 背泳ぎの練習

方法

- 腰にヘルパーを着け、背泳ぎをする。
- 最初、足でキックし、体が浮いてきたら手を入れる。
- 慣れてきたら、ヘルパーなしで泳ぐ。

チェックポイント

- ☑ 腰のヘルパーは、3個→2個→1個の順にし、最後はヘルパーを取らせる。
- ☑ 手は耳をこするように回させる。

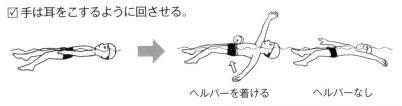

ヘルパーを着ける　　　ヘルパーなし

技の習得に向けて：評価のポイント

❶ 水に慣れ、背浮きができる。

❷ 腰が伸び、ちょうちょう背泳ぎができる。

❸ 腰が伸び、背泳ぎができる。

5 ボール運動をどう指導するか

① ボールを遠くに投げられない

■学年：1〜2年生　　■所要時間：3〜4時間　　■準備物：ボール

めざすフォルム

この状況には、こうしよう！

❶ ボールで遊ぶ経験不足から、ボール操作が分からない。

➡ **足をチョキで線をまたぐ**

方法

• ラインをまたいで、足をチョキにする。

• 壁にボールを当てて、戻ってきたら次の人に交代する。

チェックポイント

☑ 慣れてきたら壁から遠く離れて投げさせる。

☑ 1分間で多くの点を取ったチームの勝ちとする。

足をチョキ　　　　　　　壁にボールを当てる

② 足をそろえ、腕だけで投げるため、遠くに投げられない。

➡ **へそを横に向けて投げる**

方法
・ラインをまたぐことにより、体が横に向くようにする。
・横を向くことにより、腰の回転運動ができ、ボールを遠くに投げられる。

チェックポイント
☑ へそを横に向けて、投げるようにさせる。
☑ 腰の回転を意識させ、手投げにならないようにさせる。

足をそろえる　　　ラインをまたぐ　　　横を向く

③ 腰の回転がぎこちない動きになる。

➡ **はしごドッジボールをする**

方法
・はしごのコートをつくり、ドッジボールをする。
　１チーム４人。当てたら内野に入り、当てられたら外野に出る。
・当てたら１点、内野でボールを捕球したら１点とする。

チェックポイント
☑ 子供の能力に応じた場づくりをする。

はしごドッジボール

技の習得に向けて：評価のポイント
① 足をチョキで線をまたいで投げられる。
② へそを横に向けて投げられる。
③ 楽しく、はしごドッジボールができる。

5 ボール運動をどう指導するか

② サッカーでボールを蹴ったり、パスができない

■学年：1〜4年生　■所要時間：3〜4時間　■準備物：サッカーボール、ハードル

めざすフォルム

この状況には、こうしよう！

❶ ボールを蹴る、パスをする感覚が身に付いていない。

➡ 足で扱う感覚を育てる

方法

- ボールの上に足を交互にのせる。
- ボールの足の裏で動かす。
- 足の内側で動かす。

チェックポイント

☑ 下を見ないで、真っ直ぐ前を見て動くようにさせる。

☑ 膝を上手に使って、いろいろな動きをできるようにさせる。

| 交互にタッチ | 前・後 | 左・右 | 足の内側で |

❷ ボールを蹴ったり、パスしたりする力の入れ方が分からない。

➡ **コピードリブルをする**

方法

- 2人組、4人組で変化のあるドリブルをする。
- 前の人のドリブルをまねて、同じスピードでドリブルをする。

チェックポイント

- ☑ 前の人のドリブルをまねる。目線が上がり、ボールを扱う感覚を育てる。
- ☑ カラーコーンの間を通り抜けるようにさせる。

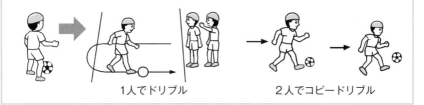

1人でドリブル　　　　　2人でコピードリブル

❸ 蹴ったり、パスしたりしたボールが目に見えない。

➡ **たまご割りサッカーをする**

方法

- 攻撃するチームと、守備のチームに分かれる。
- 攻撃側のボールが、守備側のチームに捕られないで通過すると1点。

チェックポイント

- ☑ 強いボールを蹴るようにさせる。
- ☑ チームで作戦を立てて、行うようにさせる。

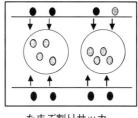

たまご割りサッカー

技の習得に向けて：評価のポイント

❶ 足で扱う感覚ができる。

❷ 2人組、4人組で変化のあるドリブルができる。

❸ たまご割りサッカーができる。

5 ボール運動をどう指導するか

③ バスケットボールでシュートが入らない

■学年：3〜6年生　■所要時間：4〜6時間　■準備物：バスケットボール

めざすフォルム

この状況には、こうしよう！

❶ 投力が弱く、ボールをバスケットボードに投げられない。

➡ 1分間シュートゲーム

方法

・チームに分かれて1分間に何点シュートをできるか競争する。

・1分後、得点を集計して勝敗を競う。

チェックポイント

☑ 得点を入れたら、自分で得点板をめくらせる。

☑ どうしたらたくさん得点できるか、考えさせる。

1分間シュートゲーム

② リングのどこにボールを投げたらいいのか分からない。

➡ 得点のルールを工夫する

方法

• ボードにボールが当たったら１点。リングに当たったら２点。

シュートが入ったら３点というルールにする。

• たくさん得点を入れるには、どうしたらよいか、チームで作戦を立てる。

チェックポイント

☑ ゴールの上の黒枠にボールを当てるようにさせる。

☑ 上手な人の動きを参考にさせる。

ボード　１点
リング　２点
シュート ３点

得点のルールの工夫

③ 仲間と協力して、シュートできない。

➡ ボードのどこに当てたら入るか調べる

方法

• 両成功したシュートは、ボードのどこに当てたら入ったかを記録する。

• １分間の記録をもとにして、チームで話し合う。

チェックポイント

☑ ゴールの上の黒枠に当てれば、シュートが入ることを発見させる。

技の習得に向けて：評価のポイント

❶ １分間シュートゲームができる。

❷ 得点のルールが工夫できる。

❸ リングのどこにボールを当てたらよいのかが分かる。

5 ボール運動をどう指導するか

④ タグラグビーでゲームに参加できない

■学年：3〜6年生　■所要時間：4〜6時間　■準備物：タグ、ボール

めざすフォルム

この状況には、こうしよう！

❶ タグラグビーのルールが分からないために、動けない。

➡ 2人でタグ取り鬼ごっこ

方法

・2人組で手をつなぎ、攻撃と守備を決める。

・守備は反対の手で自分のおでこを押さえる。

・合図で攻撃はタグを取り、守備は取られないようにする。

チェックポイント

☑ タグの取り方を学ぶようにさせる。

☑ 友達との接触を通して、仲間づくりをさせる。

② トライの仕方、タグの仕方、パスの仕方が分からない。

➡ **ボールを持ち、走り抜ける動き**

方法

- 攻撃と守備のチームに分かれる。
- 攻撃は、ボール（紅白玉）を持って攻める。
- 守備は、ラインの上でのみ、攻撃のタグを取ることができる。
- タグを取られずにゴールラインに行ければ1点。

チェックポイント

☑ 一直線に走るようにさせる。

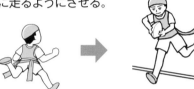 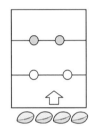

③ 仲間とのつながりや、協力してプレーすることができない。

➡ **宝運び鬼からのタグラグビー**

方法

- 宝を1人1つ持った宝運び鬼をする。
- タグを取られたら後ろ方向にパスをする。
- 守備はラインに関係なく、どこでも守れる。

チェックポイント

☑ 宝運び鬼を、タグラグビーの動きに少しずつ変化させていく。

技の習得に向けて：評価のポイント

① 2人でタグ取り鬼ごっこができる。

② ボールを持ち、走り抜ける動きができる。

③ 宝運び鬼からのタグラグビーができる。

6 表現運動をどう指導するか

① まねっこ遊びを恥ずかしがってやらない

■学年：1～2年生　■所要時間：3～4時間　■準備物：リズム太鼓

めざすフォルム

この状況には、こうしよう！

❶ 体で表現する経験が少なく、恥ずかしい気持ちが強く動けない。

➡ **簡単な動きを繰り返す**

方法

・隣の人と手をつなぎ、体を動かす。

・手、膝、腹、顔、頭、お尻を2拍のリズムでたたく。

・動きの変化でリズムをくずし、ポーズをとる。

チェックポイント

☑ 簡単な動きを繰り返すことで、「できる」体験をさせていく。

膝をたたく

❷ どのように動いたらよいのか、動き方が分からない。

➡ **まねっこ体じゃんけん**

方法

・はじめは教師の動きをまねする。

・「グー」「チョキ」「パー」の動きをまねする。

チェックポイント

☑ ペアになり、相手の動きをまねさせる。

☑ 模倣の苦手な子供には、よい動きを見せる。

❸ 友達と動きを合わせたり、工夫したりすることができない。

➡ **声のリズムや曲で楽しむ**

方法

・体じゃんけんを、声や曲に合わせて行う。

・リズムに合わせて、楽しく動く。

チェックポイント

☑ 1人では動けない子供も、声やリズムに合わせることで、友達の動きを
　見て動けるようにさせる。

技の習得に向けて：評価のポイント

❶ 簡単な動きを繰り返すことができる。

❷ まねっこ体じゃんけんができ、動き方ができる。

❸ 友達と動きを合わせたり、工夫したりして声のリズムや曲で楽しめる。

6 表現運動をどう指導するか

② リズムダンスの動きが小さい

■学年：1〜4年生　■所要時間：3〜4時間　■準備物：わらべ歌、手遊び歌

めざすフォルム

この状況には、こうしよう！

❶ どんな動きをすればよいかイメージが持てない。

➡ わらべ歌や手遊びに合わせて動く

方法

・2人組で手をつなぐ。　・お手合わせの動きを覚える。

・手をつないで、カウントに合わせて回る。

チェックポイント

☑ お手合わせで「触角」を鍛える。

☑ 手をつないで回る動きは「前庭覚」を鍛える。

☑ 様々な運動を取り入れて、模倣させていく。

パチン

お手合わせ　　　　　回る

❷ リズムにのれずにぎこちなく、楽しく踊れない。

➡ # のりのよい動きから始める

方法
- 覚えた「お手合わせ」を弾みながら行う。
- 音楽に合わせ、お手合わせを繰り返し、お手合わせダンスを踊る。

チェックポイント
- ☑ 上手な子供の動きを見せる。
- ☑ 弾む感覚を体感させる。

お手合わせでダンス

❸ 仲間と共に体を動かし、交流したりすることができない。

➡ # 曲の中に変化を入れる

方法
- 教師のまねをして、ペアで踊る。　・ペアをチェンジして踊る。
- 円になり、時計回りでスキップする。　・音楽に合わせて踊る。

チェックポイント
- ☑ 「お手合わせ」の動きをメーンに、曲に合わせて踊るようにする。
- ☑ 様々な運動を取り入れて、模倣させていく。

ペアで　　ペアをチェンジ

技の習得に向けて：評価のポイント
❶ わらべ歌や手遊びに合わせて動くことができ、イメージが持てる。
❷ のりのよい動きから始め、楽しく踊れる。
❸ 曲の中に変化を入れ、仲間と体を動かしたり、交流したりできる。

6 表現運動をどう指導するか

③ 表現運動の仕方が分からない

■学年：3〜6年生　■所要時間：3〜4時間　■準備物：リズム太鼓

めざすフォルム

この状況には、こうしよう！

❶ 恥ずかしさの前に、どう動いたらよいのか分からない。

➡ シンプルな動きから始める

方法

・音楽に合わせて、手拍子や肩たたきをする。

・わらべ歌や手遊び歌をしながら、手を動かす。

・教師や友達の動きをまねて、全身を動かす。

チェックポイント

☑ 間違ってもいいから、恥ずかしがらないで踊るようにさせる。

手拍子・肩たたき

❷ 表現したいと思っても、動く楽しさの経験が不足している。

→ **体ほぐし運動を取り入れる**

方法

- 体ジャンケンをする。　• タイミングを合わせてジャンプする。
- バランスくずしをする。　• リズムに合わせてウォーキングする。

チェックポイント

☑ 体の状態に気づき、伸び伸びと身体を動かせる。

☑ 体ほぐしで心と体をほぐし、動きづくりをさせる

☑ 様々な運動を取り入れて、模倣させていく。

ジャンプ・ウォーキング

❸ リズムに合わせて動いたり、楽しく触れ合いながら交流したりできない。

→ **おへそを上下前後左右に動かす**

方法

- 4つのくずしを活用して、動き方を知る。

　ア：空間のくずし　イ：体のくずし　ウ：リズムのくずし　エ：かかわりのくずし

- 「おへそ」を意識させ、「おへそ」をゆらす。

チェックポイント

☑ 「おへそを上下前後左右に動かそう」と声かけさせていく。

 4つのくずし

技の習得に向けて：評価のポイント

❶ シンプルな動きから始め、動き方が分かる。

❷ 体ほぐし運動を取り入れ、楽しく動くことができる。

❸ おへそを上下前後左右に動かし、楽しく交流ができる。

あとがき

　本書のイラストはすべて、関口眞純氏の手になるものである。関口氏との出会い
がなければ、本書は完成できなかった。私の意図を理解し、私の願いをすべて受け
入れて、イラストを描いてくれた。

　関口氏のイラストは、生き生きとしたタッチで、人間味あふれる子供、そして技
の動きを緻密かつ的確、正確に描いている。

　イラストを依頼する時、関口氏に次の3点をお願いした。

　1　運動の苦手な子供、教師でも、イラストを見ただけで運動ができる描写をし
　　てほしい。
　2　子供をできるようにさせる指導のポイントを、正確にイラストで描写してほしい。
　3　イラストを見た子供が「できるようになりたい」という意欲を持つ描写にし
　　てほしい。

　関口氏は、私の要望をすべて受け入れてくれた。原稿をお送りすると短時間で仕
上げてくれた。そして不明の点があれば「これでいいですか。何度でも描き直します」
と言われた。1つの教材ができると、そのつどイラストを届けてくれた。そして、私
の注文に応じて修正をしてくれた。

　完成したイラストは私の3点の願いが見事に実現されている。ムダの無いイラスト。
読み手に訴えてくる迫力。生き生きと躍動する子供の姿。正確に描かれた器具・用
具の場づくり。

　本書は体育指導の入門書である。本書をきっかけにして、さらに体育指導を学ん
でいただければと思っている。根本正雄編著『動画で早わかり!「教科担任制時代」

の新しい体育指導：器械運動編』（学芸みらい社）と合わせてお読みいただければ、さらに深い体育指導が学べる。

　本書はイラストであるが、『動画で早わかり！「教科担任制時代」の新しい体育指導：器械運動編』では、教材のすべてについて動画を視聴することができる。

　体育指導の方法として、動画とイラストはセットになっている。動画には動画の、イラストにはイラストのよさがある。動画で全体のイメージをつかみ、細部の流れ、技のポイントはイラストで確認していく。そのような使い方をしていただければ幸いである。

　本書のイラストを担当してくださった関口眞純氏には、深く感謝申し上げる。快くお引き受け下さり、上述のとおり何度も描き直しをして下さった。

　柴崎昌紀氏には、どんなイラストにしたらよいかを検討していただき、本書の骨格を作成していただいた。

　学芸みらい社の樋口雅子氏には、企画のご指導をいただいた。構成、細部の内容、項目について具体的なご指導をいただいた。体育指導のイラストという企画は樋口氏のご指導で実現することができた。深く感謝申し上げる。

　同じく学芸みらい社の小島直人氏には、企画実現のため何度もご指導いただいた。全体の組み立て、内容の表現について、懇切丁寧に対応していただき、イラストが効果的に表現できる手立てをご指導いただいた。厚く御礼申し上げる。

　本書を多くの方々に活用していただけたら幸いである。

2021年1月20日　根本正雄

参考文献

向山洋一（著）『授業の腕をあげる法則』明治図書、1985年

向山洋一（著）『新版 授業の腕を上げる法則』学芸みらい社、2015年

根本正雄（編著）『動画で早わかり！「教科担任制」時代の新しい体育指導 器械運動編』学芸みらい社、2020年

根本正雄（編）／小野隆行（指導）『発達障害児を救う体育指導 激変感覚統合スキル95』学芸みらい社、2017年

根本正雄（著）『体育の基本的授業スタイル 1時間の流れをつくる法則』明治図書、2014年

根本正雄（編）『準備運動指導のすべて てんこ盛り事典』明治図書、2008年

根本正雄（編）『体ほぐし指導のすべて てんこ盛り事典』明治図書、2010年

根本正雄（編）『器械運動指導のすべて てんこ盛り事典』明治図書、2011年

根本正雄（編）『陸上運動指導のすべて てんこ盛り事典』明治図書、2010年

根本正雄（編）『水泳指導のすべて てんこ盛り事典』明治図書、2008年

根本正雄（編）『ボール運動指導のすべて てんこ盛り事典』明治図書、2010年

根本正雄（編）『表現運動指導のすべて てんこ盛り事典』明治図書、2010年

根本正雄（編）『体育学習カード てんこもり辞典 低学年』明治図書、2012年

根本正雄（編）『体育学習カード てんこ盛り事典 上学年』明治図書、2012年

高橋健夫・林恒明・藤井喜一・大貫耕一（編著）
『マット運動の授業』（『体育科教育』別冊 Vol. 36, No. 4）大修館書店、1988年

高橋健夫・林恒明・藤井喜一・大貫耕一（編著）
『鉄棒運動の授業』（『体育科教育』別冊3 Vol. 37, No. 5）大修館書店、1989年

高橋健夫・林恒明・藤井喜一・大貫耕一（編著）
『とび箱運動の授業』（『体育科教育』別冊2 Vol. 36, No. 13）大修館書店、1988年

教育技術MOOK『小一〜小六 走・跳・投の遊び 陸上運動の指導と学習カード』小学館、1997年

教育技術MOOK『小一〜小六・ファックス資料 いきいき水泳指導と学習カード』小学館、1995年

岡田和雄・酒井実（著）『絵で見る 基本の運動指導のポイント』あゆみ出版、1992年

岡田和雄・村上紀子（著）『絵で見る マット指導のポイント』あゆみ出版、1986年

岡田和雄（著）『絵で見る 鉄棒指導のポイント』あゆみ出版、1986年

岡田和雄・藤井喜一（著）『絵で見る 跳び箱指導のポイント』あゆみ出版、1994年

岡田和雄・藤井喜一（著）『絵で見る 陸上指導のポイント』あゆみ出版、1987年

大貫耕一（著）『絵でみる 水泳指導のポイント1 低・中学年篇』あゆみ出版、1995年

岡田和雄・大貫耕一（著）『絵でみる 水泳指導のポイント2 高学年篇』あゆみ出版、1986年

[著者紹介]

根本正雄（ねもと・まさお）

1949年、茨城県生まれ。千葉大学教育学部卒業後、千葉県内の小学校教諭・教頭・校長を歴任。TOSS体育授業研究会代表を務めるとともに「根本体育」を提唱。現在は、「誰でもできる楽しい体育」の指導法を開発し、全国各地の体育研究会、セミナー等に参加し、普及にあたる。
主な著書・編著書に以下がある。『さか上がりは誰でもできる』『体育科発問の定石化』『習熟過程を生かした体育指導の改革』『体育の基本的授業スタイル──1時間の流れをつくる法則』（以上、明治図書）、『世界に通用する伝統文化　体育指導技術』『全員達成！魔法の立ち幅跳び──「探偵！ナイトスクープ」のドラマ再現』『運動会企画──アクティブ・ラーニング発想を入れた面白カタログ事典』『発達障害児を救う体育指導──激変！感覚統合スキル95』『動画で早わかり！「教科担任制」時代の新しい体育指導：器械運動編』（以上、学芸みらい社）、『0歳からの体幹遊び』（冨山房インターナショナル）。

関口眞純（せきぐち・ますみ）

群馬県生まれ。群馬大学教育学部美術科卒業。中学校、小学校教諭をしながら人物画を学び続ける。吉川武彦監修『ワーキングメモリをきたえる──アタマげんきどこどこ　⑧歴史編』（騒人社）のイラストを執筆。同監修『ワーキングメモリをきたえる──アタマげんきどこどこ　④行事編』（同）は共同で執筆。

イラストで早わかり！
超入門
体育授業の原則

GAKUGEI
MIRAISHA

2021年4月5日　初版発行

著　　　者　根本正雄
イラスト　関口眞純
発　行　者　小島直人
発　行　所　株式会社 学芸みらい社
　　　　　　〒162-0833 東京都新宿区箪笥町31 箪笥町SKビル
　　　　　　電話番号：03-5227-1266
　　　　　　HP：http://www.gakugeimirai.jp/
　　　　　　E-mail：info@gakugeimirai.jp
印刷所・製本所　藤原印刷株式会社
ブックデザイン　吉久隆志・古川美佐（エディプレッション）

動画で早わかり!
「教科担任制」時代の
新しい体育指導 器械運動編

編著　根本正雄（千葉県小学校教諭・教頭・校長を歴任。現在、TOSS体育授業研究会代表）

体育指導が苦手な教師から、専門性を習得したい教師まで

この1冊で器械運動の すべてが指導できる!

2大特徴

❶ 学習カード：子どもが主体的に学べる

技ができるようになるポイント、技の質を高める
ポイントを子供たちが自分でチェック!

❷ 全48種目の動画：学習カードと完全対応

実際の運動の映像をQRコードから視聴可。
文字だけでは理解が難しい運動をイメージ化!

B5判ソフトカバー　216頁　定価：本体2,600円（税別）ISBN 978-4-909783-48-6　C3037

種目ごとの〈学習のねらい〉〈場づくり〉〈指導の方法と手順〉〈コツとNG指導点〉を
動画・イラスト・写真で徹底解説!授業の導入になる、技ごとの楽しいミニコラムも満載!